靈魂寫作

接收內在智慧的指引，
改變生命的書寫練習

WRITING DOWN YOUR SOUL

How to Activate and Listen to the Extraordinary Voice Within

JANET CONNER
珍妮．康納——著
陳淑娟——譯

獻給你，

歡迎進來對話。

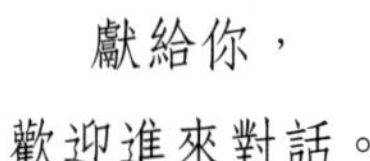

文字

會是個大幫手。

它們會成為大靈的雙手，

鼓舞並

輕撫著

你。

——艾克哈特大師〈大靈的雙手〉

目錄

專文推薦

日記，通往心靈的鑰匙

江心靜

五月中旬，剛從史丹佛大學參加學術研討會、順遊優勝美地國家公園回來，正要展開一連串閱讀及寫作計劃，忽然接到一封信，邀請我為《靈魂寫作》這本書寫推薦序，明知最好拒絕卻答應了，沒想到這兩個星期，變成一次無與倫比的奇妙旅程，彷彿手上拿著鑰匙，打開內心一道又一道的門，見到從沒看過的心靈圖像。

首先，從這本書的實用性說起，從十四歲開始寫日記至今超過三十年，除了在拙作《候鳥返鄉》提及「日記是靈魂投射在人間的痕跡」，平常在校園演講，也常大聲疾呼寫日記的好處。然而，在讀這本作者珍妮．康納以親身經歷寫成的指南時，不只頻頻驚呼「我有同樣經驗！」，也常忍不住把書推到一邊，拿起筆刷刷地用她教的方法「寫日記」。她擅長以淺顯文字談論深刻豐富的哲理，內容旁徵博引又緊扣容易入門的方法，讓人有一種馬上想要試試看的衝動。

一試之後效果驚人，我這個以文字為業的人，竟然寫出國中出遊日記被好友及她男友偷看的往事，對方可能早就忘記，我卻在潛意識中反覆播放，奮力用筆宣洩當年的憤怒及害怕再度受傷的恐懼，寫完，小女孩改變了——我主動與多年拒絕往來的好友聯絡，奇妙的是，約好時間後，整個人都輕鬆起來，每次想到對方時引起的緊張反應都消失了。

隨著透過書寫與靈性智慧對話的方式愈來愈熟練，忽然想到，這可以運用在小說上。困在這個寫作計畫上已經八年了，想盡辦法就是無法順利前進，十分耕耘一分收穫，很容易分心。這一次，使用珍妮・康納提供的鑰匙，終於打開那一道緊閉的門，門後的風景，啊，身歷其境的人才能理解。現在，就像衝浪，在自己設定的時間地點，盡情享受寫小說的快樂，原來，以前一直阻礙我的是自我懷疑，那道恐嚇的陰影太巨大，讓我舉步維艱。

因此，我特別要謝謝啟示出版，因為編輯的慧眼，我才有機會接觸到這本書，收穫良多。本身在書寫與靈性領域耕耘多年，親身經歷書寫產生的種種奇蹟，卻苦於無法與更多人分享，這本書，提供了最佳解答。

如果你和我一樣，期盼更加了解自己，改變現狀，實現夢寐以求的生活，或者，僅僅是對書名好奇，而在書架上抽出這本書，我都要說，恭喜你！你已經踏上一趟精彩旅程，送你一段話當作最誠摯的祝福：

年輕的你，有一雙時明時暗的眼睛。當你的心打開，眼睛有千言萬語；當你的心關上，眼睛洩漏更多的秘密。文字是咒語，有能量的，寫下你心中的每一個字，在時間中，等待玫瑰綻放。

（本文作者為詩人、作家、書畫藝術家、藍色空間創意總監）

專文推薦

在書寫中與內在神性及神聖存有相遇

吳佩璇

閱讀這份書稿，是個會心莞爾不時浮現的有趣經驗。作者不僅分享了靈魂寫作的多年心得，也為我們蒐羅了科學論述以支持其靈性觀點；譯者流暢的文筆，更為這本以右腦與左腦、感性與理性交織而成的著作增色。字裡行間呼應並體現了榮格分析心理學和薩提爾系統轉化治療模式的理論與實務精髓；我欣喜於若干心理治療取向有其對應的實證研究與可行的實踐途徑，同時心領神會於映照自身在諮商工作與表達性藝術領域的浸泡體驗，縱使我不曾以同一方式進行書寫。

自二十餘年前接觸藝術治療及榮格心理學起，我開始記錄夢境，陸續運用生命日誌、第一念自由書寫及直覺性心靈繪畫，作為深入探索自己的媒介，尤其是後者。畫布紙張和筆治煉成我的靈魂鍊金爐，這個安全容器承接了我的嘔吐與吶喊、涵容了我的熱情與悲喜。多年來我心神投入，受用到表達性畫寫所淬鍊出的深層轉化與自我療癒力量。迄今，它仍是我生活中重要的一部分，我以之支持照護自己，也常鼓勵身邊的朋友們去嘗試。

我認為，我們需要對自己生命的發展負責。我們可以有意識地選擇主動去實現蘊藏的心靈潛能，以呼應成長、創造、目的與意義的渴求；或是靜待自己受到生存與死亡焦慮、以及各種覺醒經驗的召喚驅動，殊途同歸邁向個體化歷程、踏上追尋心靈完整之旅。啟程後固將遭逢諸多挑戰，但藉由象徵意象與直覺靈感的湧現，以及共時性（有意義的巧合）事件的顯現，潛意識一直試圖對我們說話、提供指引。

倘若我們能捕捉、聆聽、與之對話並予以回應，意識自我與個人潛意識中的自性逐漸有更多聯結，自性中本具的內在神性與日常意識會有更活躍的滲透互動，進而與集體潛意識中的神聖存有更加交感共振、和諧共鳴。如此一來，我們自身「創造力↓生命力↓療癒力」的雙向正向循環將被啟動活化，不只能遠離現代人常有的精神官能或心身症狀，個人精純的靈性存有狀態更能催化意識自我的深廣拓展與根本質變。

這趟靈魂探源之行，有賴我們學習去信任整個過程，必要時邀請專業嚮導伴行。信任自己的內在神性、並向更大的神聖存有開放，我們將能擷取更多智慧寶藏回到尋常生活裡享用。途中，很重要的是隨身攜帶羅盤——始終秉持良善的意圖與真誠自律的態度；這指南針能確保心靈以足夠穩固且更提增的自我強度為立基，上天下海恣意冒險，而依然能完好回返人間，不致過度認同某些原型致生心理膨脹或其他靈性疾病。正如榮樹在延展枝幹向上萌葉結實之際，更需向下扎根深入大地，在踏實護持中汲取安全滋養。

至為關鍵的是，允許自己去相信我值得重視自己、許諾和自己好品質同在的時光、持續從事趨近自己存有本質的靈性或表達性藝術創造活動——使用自身嫻熟之法，或參考本書激盪，比如，以書寫進行積極想像——對靈魂提出直達核心的深層探問、聆聽潛意識回應的訊息、並加以意識化。誠如作者所言，靈魂寫作可以是我們選擇用以保持靈性健康的日常活動之一。

就在這個當下，開始落實行動吧。經驗告訴我，在自己這具陳年鍊金爐裡投下新穎元素所提煉出的神奇瑰寶，必使我們的內在愈加平安美好、富饒活力。

（本文作者為諮商心理師、靈魂彩繪實踐者）

專文推薦

當書寫與靈魂相遇

林美琴

近年來，隨著社群網站的普及，文字書寫成為與人溝通、分享心情或表達想法等直接的媒介，然而，書寫本身也是一項極佳的自我療癒，這樣的立論源自於精神分析學派佛洛伊德的「自由聯想」（free association），或是榮格提出的「積極想像」（active imagination）。

藉由書寫，彷彿為自己架起了感應的天線，接收了情緒、思維與感覺前來相應，由外而內，款款走入心靈幽徑中，隨著文字一路前行，從意識到潛意識層面，洞見內心世界的樣態與深度的心理情結，覺察生命發出的信號，然後藉由靈性智慧的導引，掌握轉化與改變的樞紐，重整生活的秩序，扭轉人生的困境，將自己妥貼安置。

如同本書提到的書寫療癒研究與實踐者詹姆斯．潘尼貝克（James Pennebaker）主持的書寫療癒研究結果顯示：每天進行十五分鐘的表達書寫，寫出自己的感受與想法，短暫的三到四天後，即能發現書寫對於身心健康的顯著療效。許多作家也都提及書寫對於自己心靈療癒的助益，例如：著名小說家赫曼・赫塞（Hermann Hesse）曾提及自己的書寫實踐了某種「治療」，也實證了書寫在自我心理的正向能量。

本書的作者珍妮・康納也同樣是一位書寫療癒的力行實踐者，她以自身的經歷分享了從人生谷底逐漸爬升的書寫療癒歷程；同時，她也是一位書寫療癒的教學實證者，在書中可以清楚看到她在教學現場中引導學習者進行書寫療癒的歷程與實例。讀者也可以藉由書中詳盡的實踐步驟與方法，發展自己的書寫體驗：如何敲叩心靈的門扉，通往內在的幽徑？如何聆聽自己的心音，與靈魂深入對話，覺察自己在逃避什麼、掛念什麼、在意什麼、渴望什麼……？以及如何在書寫中與清明的智慧相遇，在雜草蔓生的心靈荒原披荊斬棘，釋放痛苦、煩惱、壓力或各種莫名的情緒，逐漸開闢出一條清朗的通道，撫平心靈的創傷，釐清迷惑的思緒，解開紛擾的糾結，然後，在生活與生命之間從容進出，來去自如。

在我的書寫療癒教學中，也一再體驗了這種「安安靜靜很大聲」的力量。當書寫與靈魂相遇後，它是「抒」寫，在隨興抒發的文字中自在遊走，脫離習氣與我執，走出慣性的框架，看到生命的真實樣貌；它也是「舒」寫，在文字中逐漸將自己從心牢中釋放出來，舒活了身心靈；它更是「甦」寫，以內在的正念為自己導航，在迷惑與茫然中悄然甦醒。於是，書寫成為一種改造生活的儀式，一種生命飛翔的姿勢。

如果你也嚮往這一處可以自在歇憩、可以從容轉身、可以重整生活秩序、可以撫慰疲憊自己的空間，那麼在文字阡陌間，它在，等著你從文字「欲」的觸動開始，盡情享受文字「浴」的洗禮，然後，安然進駐於文字「寓」裡，在文字「癒」中遇見煥然一新的自己。

（本文作者為書寫療癒研究者、講師）

專文推薦

找回遺落的自己

施又熙

自我療癒到底是什麼？或者應該說，療癒到底是什麼？

總是會在別人與自己的身上看到太多困躓難行的人生，每每都以為自己走不到終點，或者，以為明天會更好，然而，一切卻不斷地週而復始。於是我們瘋狂地閱讀、或是向他人傾訴、詢問自己人生的種種疑惑，也許你找到答案，也許沒有，由此，我們的人生繼續顛撲前進或者就此停止不前。

其實，人世間種種都是類似的，發生在你身上的，可能曾是我過去的經驗或是未來的不可知，許多我們問出口的問題並非對外，而是對內，與自己對話可能才是解答種種人生糾結的唯一道路。

書寫是許多人的夢想，更是自我療癒的一扇窗，推開這窗，我們得見自己的內心底層，經由不斷的書寫與反思獲致療癒，並與過去的自己和解。

許多人問我書寫是不是就是寫日記？是不是就可以自我療癒？如果只是單純的寫日

記恐怕無法達成自我療癒的完整效果，畢竟大多數人的日記只是流水帳。流水帳的日記並沒有對錯，我自己的日記也是一整本的流水帳，重要在於我們是否能夠從這些記錄裡覺察到其中的關鍵與線索，進而整理自己的思緒。

現在的所有一切都與過去的線索有著密不可分的關聯，特別是與我們的原生家庭，我們的一舉一動、一思一行無不與其有關，或有南轅北轍的反應其實也都源自於對原生家庭的依戀或刻意阻抗所導致。只是在沒有人引領的狀態下，企圖自己從書寫中去釐清這些線索並不容易，往往關鍵就在眼前卻無法覺察。

那麼，書寫就會因此失去效果嗎？當然不是。

書寫自始至終都有其療癒的重要地位，把一些糾結已久的事件、情緒詳實地記錄下來就有其反思的機會，書寫得越多越有效果。曾經有一位學員因為婆媳問題來上課，我請她記錄下來婆婆之惡，在她暢意書寫的過程中，在那些平日不能對婆婆說出口的大鳴大放間，在那些非常痛恨的惡行裡，學員的記憶庫也自動打開，釋放出婆婆對她的善意行為，學員也如實地記錄下來，原來，婆婆並不是只對她壞，其實也有很多的好，只是我們容易被情緒所掩蔽，更常發生的情況是我們總不願去承認不好的事情，只是勉強自己忍耐，所以整個心思都被負面情緒所佔據，那些美好的事物與記憶自然無法浮現。

這就是書寫的效果，而有意於嘗試自我探尋、書寫自我的朋友又該如何在沒有人引領的狀態下開始進行呢？本書的作者珍妮．康納在歷經重大的個人創傷後提供了很好的指引，珍妮以靈修的基礎撰寫本書，試圖引領有志於開始自我療癒書寫的讀者以更有效、更具有方向性的書寫方式進行練習。

大多數的人對於從何下筆均感到異常困難，珍妮在本書中提供了很好的練習，包含如何探索我是誰並據此寫下對自己的誓約，藉以提醒自己前進的力量；作者也建議使用「使用強而有力的問題形式」來自我探索，並體貼地提供了許多不同類型的問題範例來協助讀者開始書寫，特別是在本書較為後段的「我值得」計畫書寫，珍妮的設計可以加強讀者提高對自己的愛。東方人總是被訓練成要為家庭無限付出，卻往往在這漫長歲月中遺忘了自己也是需要被呵護、被愛的，「我值得」計畫恰恰可以鼓勵大家勇敢去想像自己想要的人生，然後努力實踐，也因為我們的勇敢與努力，其實自己想要的人生的確是可以實現的。

但願本書可以讓有心開始自我書寫療癒的朋友們放下過多的焦慮，開始自由書寫，祝福大家都可以在書寫中漸漸找回早就被我們遺落在某處的真實自我，並且不要害怕地愛那真實的自己，祝福再祝福。

（本文作者為書寫療癒講師、專欄作家）

專文推薦

一枝碎碎唸的筆

張德芳

一本書不論多少字，只要有一句觸動、為你帶來改變，就是你的聖經。在你從書架上拿起這本書開始，你就已經跟那個聲音連結了。誠如書中所言，「畢竟，這本書來到你面前，並非偶然」。

不論你認為自己的文筆是否流暢、想像力是否豐富，此刻，只要你願意拿起筆來寫下第一行字，任何浮現的隻字片語，例如：「什麼是靈魂寫作啊？」、「這輩子最失敗的就是關於寫作這件事了。」、「這本書我沒興趣！」或許你會接著繼續寫自己為什麼沒興趣，或許你會停下筆來不再書寫，不管你寫下了什麼，靈魂寫作這件事就已經開始了。

其實，書寫只是將內心感受轉換成文字的過程，隨著起心動念是自然流露的，浮現什麼就寫下什麼。寫多了，自然而然就會越寫越熟練流暢，就能從幾行字到幾百字，從腸枯思竭到靈感泉湧，接下來就能更細膩地捕捉到內心幽微的感受、感動或想法，也能從生活中找到對應事件的形容與譬喻，練就一個能夠完整表達的文筆。在這當中，我們只是打開了自己對自己的限制，允許「那個聲音」透過文字來呈現，如此而已。

書寫是一個跟自己深度對話的過程。當中包含了自我整理、釐清、沉澱、靜心、自省、釋放、解放、放鬆、內在探索、自我療癒與自我支持，甚至包含了祈禱、冥想與心靈成長。

書寫時，你必須安靜下來才能進行，也因為安靜放鬆下來了，在獨處中就能夠輕易地觸碰到內心深處。你只需要透過文字，直白地將內在感受或情緒寫出來，只是想到哪就寫到哪的呢喃自語：或許是毫無邏輯的碎碎唸，或許是對他人的一番抱怨，或許寫到傷心處時痛哭流涕……也因為只有自己沒有別人，你可以毫無顧忌地、誠實地對自己說出真心話，而這些赤裸的真實表達就是解放壓抑的過程。在一字一句敲打鍵盤的同時，壓抑的情緒也隨著文字如油汙般不斷浮出水面，然後流走。

「寫」本身是一個攪動情緒的過程，透過文字的書寫讓情緒宣洩，就是釋放。接下來會自然地進入內心去釐清與沉澱，寫完了，身心回到平衡點，那種沖刷後的清新感就是書寫療癒。在書寫中讓隱藏的內在衝突一次次展露，把自己寫出來一遍一遍地看清楚，然後一次次回來自我檢視與校正，這就是沉澱自省的過程，這樣的自我支持也同時讓身心獲得成長。

如書中所言：「或許我們不應這麼努力地要回答這個問題：『什麼是靈魂寫作？』

最終，每個人都會找到他或她自己的答案。你的答案將不同於我的答案。你的經驗也將不同於我的經驗。」書寫的旅程沒有終點，只有起點。奧秘內心的探索也一樣，一旦開始了，就像鑽油田一樣，會帶著莫大的渴望不斷往下探勘。

就放任手上這枝筆，來一趟尋找自己的旅行吧！隨著意識的波流，你會與自己相遇，就如哼著曲子的小河，讓文字的流動悠然淌入更深的細枝末節裡去開展，淌入堆疊的心靈皺摺裡去溫柔洗滌。

（本文作者為文化大學推廣教育部心靈寫作班講師）

前言　在我們開始之前

在你心裡有個聲音（Voice）。在每個人心裡都有個聲音。無論你是否聽見，這個聲音就在那裡。無論你是否承認它，這個聲音也在那裡。無論你是請求它的幫助或是忽略它的指引，這個聲音依然在那裡。它在等候著你停下腳步，就算只是一會兒，它在等候著你的傾聽。這個聲音永遠都在那裡，指引著你，鼓勵著你，愛著你。這本書就是關於與那個聲音建立關係。

我要在本書一開始就先告訴你一個甜美的小秘密：接通那個聲音是很容易的事。怎麼會困難呢？這個聲音並沒有刻意要躲著你——它正在找你。它知道豐富的對話正在等著你們。它知道你的需要，而且渴望著把你需要的東西給你。所以它很近地靠在你手邊、在你的內心、在你的頭腦、在你的靈魂。這個聲音就在那裡，僅僅在表相底下，等候著你拾起筆來，並且穿越那道讓你們分離的意識薄牆。

可是為什麼是筆呢？為什麼要靠書寫？畢竟，接通聲音還有其他的方法。我們有強大的靈修與宗教傳統如冥想、祈禱，以及儀式，還有豐富的身心靈活動如按摩、靈氣（Reiki）、瑜珈，以及太極等等。有些人認為，馬拉松式的游泳或賽跑也是一種超覺經驗（transcendental experience）。我的兒子發誓說，在深夜空無一人的街道上騎腳踏車，帶給他無比的寧靜，以及最佳的思考狀態。所有這些方法都很好。它們也都有效。

本書無意取代或改變你做的儀式活動或是你持有的信仰。靈魂寫作並不取代任何事物，它豐富萬事萬物。書寫讓你把心念清晰地專注於內在智慧，所以你一定能感受到指引與被愛。「靈魂寫作」工作坊中有一位年輕女性，在發現要與聲音建立連結是多麼容易的時候，表達出她的驚喜。「這真的很容易，」她說：「你不用去聽光碟或是買一個課程，或是改變你的信仰、修正你的飲食或任何事情。只要現身就好。真的就是這樣，只要現身就好。」

她說的沒錯。這種書寫很容易。沒有人監督你，也沒有人評斷你的文化、斷句，或是斷定你說的話是否有一點道理。但是別誤會，把靈魂書寫在紙上的練習活動是深刻的，並且，在一切深刻的事物方面，它能夠——而且將會——改變你的生命。在你翻閱下一頁之前，仔細想想這一點：如果你喜歡你的現況，如果你不想要（或不需要）改善你在情緒、靈性或財務方面的生活，如果你滿意你的各種關係、你的家人、你的工作，以及你的家庭，把這本書放下！不要多讀一個字。我說真的。

因為一旦你打開了你的靈魂大門，你就再也無法關上它。你無法假裝你不知道門在那裡或是要穿過去有多容易。一旦你開始與某個較高、較大、較深，而且也較有智慧的存有對話，你將會發現自己思索的觀念是你未曾想過的，說的話是你未曾說過的，問的問題也是你未曾問過的。一旦你向神聖的領域打開自己，你將接收到指引，只是——預告一下——它可能不是你期望的指引。一旦你開始問得更多，你將開始接收到更多：更多想法、更多直覺、更多靈感、更多智慧、更多機會、更多挑戰，以及更多的問題。總是有更多的問題。因為這些答案，如同你即將發現的，就**居住在問題的深處**。

我們也不要忘記奇蹟。你們求，就必得著。每個靈修傳統都告訴我們，請求與接收是宇宙法則，而這個聲音樂意遵從。拿起一枝筆來，並帶著要與那個內在的超覺聲音接通的意念，你的生活將會開始轟隆作響、改變，以及前進。如同從一場長長的睡眠中甦醒過來般，你看世界的眼光將大為不同。你也將發現自己的變化，一開始很細微，然後，當你對這個聲音的智慧的信任擴大時，你將發現自己擁有越來越多的內在力量與信心，去創造你的勇敢新世界。

聽起來有一點嚇人？嗯，最好的想法都是這樣。我們都想要安全感，但是安全感的結果卻是自相矛盾的。要感受真正的安全，首先你必須踏出去，進入未知，經驗恐懼，並且發現一切都很好。我可以用十頁篇幅或是十小時的時間不斷告訴你，你是安全與被愛的，可是，在你感受到它（從你靈魂最深處感受到它）之前，你都是不認識它的，當然也一定不能相信它。你必須踏入介於此處與他處之間的空間，介於「我是誰」和「我可能是誰」之間的空間，介於「我擁有什麼」和「我想要什麼」之間的空間。要直到你踏進那個虛無的空間之時，新的事物才會出現。就像電影「法櫃奇兵」（Raiders of the Lost Ark）中的印地安納瓊斯，你得把一隻腳往空中伸出去並且往下踩穩，相信有某種力量將防止你跌落。它會的。這個聲音提醒你不要害怕。這個聲音鼓勵你去探索所有可能性。這個聲音帶頭你把害怕的部分說清楚，而且一定會慶祝你的喜悅。從這裡開始，這個聲音將引導你。它會讓你知道，**你是安全的，而且是被愛的**。

你準備好要開始了嗎？那麼，憑著你的意念，你現在正式成為自己靈魂的作家。歡迎來到這個進入自己靈魂，並把你在那裡的發現記錄下來的深刻練習。

第一章

我如何發現這個聲音——
或者說，這個聲音如何發現了我

我是一本談論靈魂寫作書籍的作者，這對我個人和我的朋友來說，都是一件意外的事。事實上，我從來就不太像是一個寫日記（或記事）的人。沒錯，當我心煩的時候，我會拿一個本子並且拼命書寫個一兩天，可是從來就不連貫，也不曾持續到足以解決任何問題。你要知道，我覺得「擁有豐富的靈性生活」這個想法很不錯，我也喜歡想像自己一邊喝著茶，一邊在皮質日記本上寫下種種深奧的想法，同時還有點點晨光灑落在紙頁上。為了要在生活中實現這個幻想，我買了茱莉亞．卡麥隆（Julia Cameron）的書《創作，是心靈療癒的旅程》（*The Artist's Way*），可是它被我擱在一個書架上，旁邊放著其他所有很棒的的靈修書籍，有空時我才會拿起來讀。

當時，我從事專業的諮商工作。我有我的客戶、計畫以及專案報告。我有會議、午餐約會以及演講會。我是一位非常忙碌的女性——沒有時間寫日記的女性。

直到一九九六年十一月一日。

夏季來臨前，我發現我的丈夫和他的秘書上床。他在九月搬出去，但是他並沒有繼續往前走。十月三十一日，我那七歲大、瘋萬聖節的兒子，求我邀他的爹地來參加我們的萬聖節狂歡。但是在玩完「不給糖就搗蛋」之後，我的丈夫不願離開。他以為我們應該會做愛。當我拒絕之後，他就把我推到門外。他大叫說我將再也看不到兒子。他喝醉了。他破壞家具。他哭著。他繼續喝酒。當他終於在凌晨一點離開後，我就陷入昏睡。

黎明的時候，我一開張雙眼，就浮現五個字：你讓我害怕。那五個字改變了我的生命。

我在中午時間打電話給丈夫，告訴他，我要離婚。他沒說什麼。他喝太醉了，我以為。五點的時候，他回電給我。他以一種平淡、幾乎快聽不到的聲音說，他嘴裡放著一把槍，他打電話來是要說再見。

我的心狂跳不已。我要怎麼辦？我能想到的就是那些電影，其中主角死命地要讓對方保持通話。讓他繼續說話。就是這樣——讓他說話。

我先開口。我談著我們可愛的兒子，我也問問題，問他有何感受、他吃了些什麼、他的工作情況。他開始講話——只是一些含糊字眼，但是他多少有在講話。突然間，他一句話講到一半就掛了電話。沒有再見，沒有嘟囔聲，沒有槍聲，什麼都沒有。恐怖的新聞頭條標題閃過我的腦海：「分居丈夫殺害家人！」、「男子槍殺妻子後自殺。」

我開始打電話找朋友。他們都給我相當合理的理由來解釋為什麼我和兒子不能暫住他們家：我很樂意，但是我的丈夫不認為這是一個好主意。我們真的沒有多餘房間，你知道的。我不覺得你兒子在這裡會自在，你覺得呢？你確定真的一定要這樣？也許他只是想要嚇嚇你。你不能暫住鄰居家嗎？

嗯，不能。我不能暫住鄰居家裡。我已經先打電話找過鄰居，他並不想「選邊站」。絕望之下，我打電話給另一位二年紀生的媽媽——我幾乎不認識的單親媽媽。我話還沒講完，她就說了：「直接過來這裡，」她說：「我會把車倒離開車庫。你直接開進來。不用擔心衣物或飲食。我會照料一切。」我抱起兒子和我們的大丹小狗，就趕緊出門。

我的丈夫那天晚上並沒有自殺，但是從那天開始，我的家人就相當肯定，他打算要殺害我。他的憤怒情緒證明家人們的看法是對的。一夜之間，我身為專業人士的生活消失了。當你每隔一個月就要躲起來的情況下，很難留得住客戶。當你脖子上掛著一個治安緊急按鈕，朋友也不來找你了。如此一來，我就開始寫日記了嗎？不，我並沒有。我坐在客廳哭泣，把電話插頭拔掉，這樣我就不會聽到他打電話來威脅，客廳遮簾也全都拉下來，這樣萬一他開車經過就看不到我。

我的母親，就像她那一代的所有善良天主教婦女一樣，老愛說：「神以神秘的方式作工。」無論何時，只要發生荒謬可笑的事，我就會說：「好了，媽，**那件事**怎麼可能是神的作工呢？」而她會說：「嗯，親愛的，神以神秘的方式作工。」我總是認為那種說法完全是一種推脫之詞。

一直要到我們的大丹狗哈雷，兩手抱著——或者說是牙齒咬著——某樣東西，被我發現的那一刻為止。

那時我正坐在老位子上，擤鼻揉眼，然後我注意到哈雷的頭沒有靠在腳旁的軟凳上，用那雙夾雜著悲傷與忠誠的完美大丹狗眼神看著我。「哈雷，」我叫：「你在那裡？」

我聽到牠在玄關的聲音，於是起身去找牠。牠緩慢地大步向我走來，奮力掙扎地啣著超過牠瘦弱身軀能承載的東西。我從牠嘴裡把東西拿出，忍不住笑了——那是《創作，是心靈療癒的旅程》——現在有撕落的書角、齒痕，以及大丹口水的妝點。

我把書擦乾淨，坐下來，開始閱讀。在第十五頁處，我完全停住了：

> 任何人只要忠實地在早晨於紙上書寫，就能夠受到引導，與內在智慧之源建立連結。當我陷入一個我不知道如何應付的痛苦處境或是問題時，我就會書寫並且請求指引。

茱莉亞．卡麥隆正對**我**說話！我需要智慧，我的確是陷入一個痛苦的處境，而且肯定不知道如何處理。非常清楚的是，坐著飲泣並不是在解決我的問題。我在辦公室找到一本便宜的黑色封面記事本以及一隻陳舊的棕色自來水筆。書上說，每天早晨要書寫三頁。嗯，現在是早晨，而且終於，我有全世界的時間來書寫。

但是我沒有遵循這個方向——也就是說，不是《創作，是心靈療癒的旅程》的方向。當我讀到那一段落的時候，事情發生了。在那個瞬間，我那幾個星期以來瘋狂地在羅盤上搖晃不停的的靈魂指針，猛然對準了它的基準方向（真北），並且補捉到某些被隱藏起來的沉默指引，引領我以一種獨特的方式進行書寫。

書寫的開端

「親愛的神，」我開始寫。我不曉得為何我要那樣開頭。我就是感覺對了——其實這是必要的。每當我的父母親覺得恐懼害怕時，他們就會跪下來，請求神的幫助。我猜想我是以自己的方式在做同樣的事。當然，他們誦讀玫瑰經。我呢？則是表達發洩。上主啊，我盡情發洩！我怒氣沖沖地向神抱怨：「你究竟有沒有注意到呢？你知不知道這裡發生的事？你關心嗎？我們要怎麼渡過去？我要如何才能保護我的寶貝？我要怎麼辦才好？你在那裡啊？」

那天早晨，我寫的不是三頁，我書寫了三十頁。那就是一個線索，表示我有話要說，書寫多少幫助我把它說出來。經過了一個半小時猛烈的疾筆狂書，我還是沒有任何答案，可是我覺得好過一點了，清楚一點了，明亮一點了。

所以隔天早晨我又書寫了一遍。日復一日，我以憤怒的黑色墨水扎向紙張。我對神訴說發生的每件小事的每一個小細節。我丈夫的所作所為以及威脅要做的事。我是怎麼取消兒子的生日派對，因為他父親說他會帶著一把槍來。他闖進我們房子的經過。用我的身體保護兒子是什麼感受。我們第一次打電話給警方的經過，以及第二次、第三次，和第四次。學校是如何堅持我要晚一點送兒子上學並且早一點來接他，以避免在學校發生當眾吵鬧的場面。我是如何從一間咖啡店移到另一間咖啡店，直到該去接兒子為止。我如何失去食欲。我的兒子如何地失眠。他是如何整晚氣得咬牙切齒。他是怎麼偷溜爬上我的床而且不肯離去。我們在黑暗中是怎麼被每個咯咯聲及碎裂聲嚇到。他是怎麼爬到我的膝上而且安安靜靜地搖晃三十分鐘，在他出發去看他父親之前。

一段時間之後，我注意到一件事。那並不是在第一天或第二天，而是有一天，它就在那裡：紙上出現一點點的智慧。

那不是對我生命問題的解答，但絕對是針對當天提供智慧的指引。有時候答案是關於要做或不做什麼事，但是大多數時候，它都是關於更小的事情，更微妙的，而且或許是更豐富的事：讓我**轉念**的方法。

它第一次出現的時候，我停止書寫並且盯著紙看。什麼？那不是我的聲音。那不是我寫的。我甚至從來沒有那個想法。但是它就在那裡。而我明白——不知為何我就是明白——這個指引很重要。就是這個指引了。這個指引是我的救贖，所以我就追隨那個指引。就像格林童話故事裡的漢賽爾（Hansel），我並不知道我身在何處，也不知道我要去向何方，可是我就是決定跟隨那些珍貴的智慧點滴。一步一步地，一天一天地，一篇又一篇日記地，我小步前行。

每天早晨我寫：「親愛的神，」而每天早晨這個聲音都會回答我。一個週末早晨，我寫到當我在報紙上看到一篇有關交通暴力案件的報導，報導內容和我的丈夫（以及他的卡車）幾乎完全符合時，我感到多麼地無助——那個案件正好發生在前一天他接走我們兒子的三十分鐘後。突然間我明白，這個聲音是要告訴我力量的真正本質。我祈禱並且接通那個力量，然後我在沒有離開我的座椅的情況下，就把我的兒子安全地帶回家裡。

我還寫到當我聽見兒子給我的電話語音留言時，我有多麼地心痛。他的父親尖聲命令道：「給我說！」他在父親的逼迫下掙扎不已，最後他微小的聲音擠出一句：「媽，你是一個非常病態的騙子。」在這個時刻，這個聲音要透過書寫告訴我的，是有關事情的大小。它問我，哪個比較大？是這件糟糕的事，還是神？而我已經知道答案，於是我把我的問題交給神。

我書寫有關敵人的事——相當令人害怕的一個敵人。我問這個聲音，面對這個敵人，我應該怎麼做。這個聲音告訴我，要愛我的敵人。我不喜歡這個說法。而且我承認，有好長一段時間，我都做不到。

我書寫有關我感到多麼害怕、脆弱與無助，像是一個全身傷痕累累的人一樣。我到底是怎麼回事？我哭著。而這個聲音要我寫下力量——真正的力量。

我書寫有關法庭的事。我有十二次在紙上哭喊著，對聲音說，無論我呈上什麼證據——交通暴力事件、語音留言、四份警方報告、父母親作證我前夫再三威脅我、證明他房子裡有槍——法律體系還是堅持我們的兒子要在不受監控的情況下，去見他的父親。

這個聲音聽著，它擦拭我的淚水，並且繼續傾聽。

我告訴這個聲音，我的兒子在探視前是怎麼哭泣的。「星期二，」他啜泣著：「我討厭星期二，因為星期二之後就是星期三，而星期三我就得去見爹地。」我告訴聲音，當我的寶貝在他父親家裡時，一定要保護他。這個聲音永遠都保護著他。

我書寫有關我前夫的武器。這個聲音詢問我的武器是什麼。「文字，」我承認：「文字就是我的武器。」而這個聲音幫助我把我的武器放下。

我書寫一張有關在婚姻裡所有我不想做卻必須做的清單事項。這個聲音告訴我有關「必須去做」和「選擇去做」的不同。我書寫有關當我無法承受正在發生的事情時，我如何逃進心裡一個神秘的等候室。這個聲音告訴我有關如何說「不」的美麗語言。

我書寫有關令人恐懼的所有決定。我所做過的決定以及它們最後結果有多麼地糟。這個聲音告訴我要原諒我自己。

我書寫有關自己在苦苦等候法官讓我搬回我在威斯康辛的家人身邊時，我感受到的挫折。這個聲音則告訴我，它在等候我能夠成為真正的我時，它感受到的挫折。「幫助我記得，」我說：「這個被嚇壞了的女人是誰？」

而這個聲音說：「無懼。」

無懼——這是一個可愛的想法，一個重要的想法，但是我當時的感受卻剛好相反。驚恐、一文不名，以及獨自一人反而比較貼切。

好吧，也許不是獨自一人。畢竟，我正在我的靈魂日記中與一個神聖聲音進行真實的對話，所以我怎麼可能是獨自一人呢？而且我也收到回應。我的生活也在慢慢改變當中。每天早晨我都變得更堅強些、更多一點智慧、也更加覺察到我大概會沒事的。我的一小部分一直抬起頭來宣告：「我即將療癒。不只是存活下去，那還不夠好，我想要再度變得完整並且快樂起來！」我想那個小女人是個笨蛋，但偶而我還是會讓她說說話。

得到奇蹟、找到誓約

如果我要努力去療癒及快樂起來，我需要一個奇蹟——其實需要好幾個才行。我正在受到指引，我正在學習轉變我的想法，那我不是也能得到奇蹟嗎？我指真正的奇蹟，實質上的——講得白一點，就是金錢。所以我問了。有天早晨，我寫著：「親愛的神，你知道我需要一萬美元的律師費。我不知道你要怎麼做，可是我知道你將送一萬美元來。謝謝你此時此地送來的一萬美元禮物。」

什麼事都沒發生。沒有出色的文字、沒有樂透號碼、沒有藏寶圖。我起身，泡了一壺茶。兩天之後我的母親打電話來。

「親愛的，」她說：「我們把錢分給所有其他兒女，卻未曾給過你分文。所以，親愛的，我們要送你一萬美元。」（她用「我們」一詞是很可貴的：因為我的父親——「我們」當中的另一半——已經過世五年了。）當然，我就說，謝謝你，我的母親；但是隔天我也在靈魂日記裡寫了一篇深刻的深層感謝，謝謝我的真正源頭。

這個一萬美元可以用來支付我的訴訟費用，但它還不足以支付我的房貸。我的存款大概還夠我付上一年，或許我把全部的積蓄都拿去繳房貸實在過於莽撞，但是我兒子生活中的其他事物都已崩解殆盡，我希望他至少可以住在他唯一熟悉的房子裡，並且繼續在他從幼兒時期就入學的私立學校就讀。但是我沒有足夠的錢持續支付房貸與兒子的學費，而彈盡援絕的這一天終究來臨了。我在日記裡寫著：「親愛的神，我不知道你要怎麼處理這個情況，可是我知道你會的。我需要兩千美元。而且我現在就需要。謝謝你。」

一個小時之後，電話鈴響了。那是我僅存的一個客戶。她說出最奇怪的話：「我不知道為什麼，我只是覺得你應該寄給我們一張兩千美元的發票，讓我付款給你。」當然，我真的知道為什麼，但我只是說：「我很樂意這麼做。」隔天早晨，我在一張超大的信紙上寫了「謝謝你」，並且與這個聲音聊了很久關於感謝的主題。

我兒子即將讀完二年級時，我不得不面對一個事實：繼續讀私立學校已經不再是一個好選擇了。所以我繼續尋找好學校並且發現了一座金礦：一間很小的公立才藝學校，它的三年級只開授一個班級，而且班上只有二十五位表現優異的學生。這一班只開放了三個名額，是透過全國抽籤的方式來選出學生。所有的校長都建議我準時提交兒子的申請資料，這樣他的名字才會出現在這個名單內。

我直接來到我的日記：「親愛的神，我幫兒子找到一所美麗、溫和而寧靜的小學。你知道他受了多少的苦，你知道他有多害怕要上一所新學校。拜託你，我信賴你一定會把這個珍貴的小孩安置在一個他能夠開心學習的學校。我把這件事交託到你手中。我兒子是三百多位兒童名單中的第一位。」

最終我的積蓄還是花完了，而且我必須要賣房子。我住在這個房子的最後一個月期間，收到了一疊帳單，我的銀行活儲存款只有三百四十三美元。「親愛的神，」我寫著：「我知道你聽見我。我不曉得這次你要如何處理，但是我知道——我確切地知道——你為我們的供給是永不停止的。而且一切都會很順利。先謝謝你所提供的奇蹟。」

我祝福了每一封帳單後，就開始處理。我曾經收過的最少的電費帳單是六十美元，但是這一次帳單說我只欠十四．六美元。之前儘管我盡力節省，每兩個月繳一次的水費總是超過一百美元以上。但是當我打開這個月的水費帳單，我驚訝地發現金額是二十四．一五美元。瓦斯通常是五十五美元左右，但是這次只要繳十三．一三美元給莫比爾石油公司。電話費帳單也只有二十二．九八美元，儘管通訊費的一般金額是三十三．三六美元。垃圾清理費的發票金額一向是五十八．四五美元，可是這次金額是零元；帳單上面說我上個月付了兩次，但是我不記得有這樣做。最後是信用卡。

我知道這張帳單不會很漂亮。我深吸一口氣後，望向天空，然後打開帳單信封。繳費金額：負三十九．九美元。帳單內用大寫英文字母寫著：「應繳金額：不用付費。」

最後，我的銀行存款還剩下四十八美元。如果我在希臘食物攤上謹慎採買的話，夠我買一星期的雜貨。這一次我不只是寫「謝謝你」，而是手足舞蹈了。我在玄關處跳上跳下，笑著、旋轉著，並且用歡喜的呼喊唱著謝謝你。「謝謝你，神。謝謝你，神。謝謝你，神！」

這些是不是奇蹟？還是巧合？幻想？如果我心裡有任何疑惑，也很快就忘掉。

有三年的時間，我每天書寫我的靈魂。一開始，我只是抱怨我的問題並請求這個聲音去解決它們。但是當我越來越清楚我正在接收的方向與指引，我就開始追求更深、更有價值的問題——探索我的靈魂並把我的傷口切開的問題。我發現，深刻的答案是來自於深刻的問題：我是如何創造出這個混亂的？我在想什麼？我要如何停止和某個爭吵不休的人之間的爭執呢？我一切恐懼的根源是什麼？我腦袋裡的負面聲音是什麼？我要怎麼做才能將之驅除？我的目的是什麼？我要如何打造一個有意識的、喜樂的生活？愛是什麼？愛究竟是什麼？我的真正誓約——絕對不會被打破的誓約——是什麼？

關於誓約的那個問題讓我完全停頓。我連續幾頁都在寫關於誓約的事——我們所做的誓約，我們打破的誓約。有許多我們在生命中做過的承諾都破裂了。我懷疑，是不是真的有什麼誓約是我**絕對不會打破**的？

我花了數週時間和這個聲音一起探索這個問題。在深層對話中，我的結論是，誓約並不是我們為了抵禦某些令人不快的未來而做的沉重承諾；不是的，真正的誓約是以文字明確地表達「我現在是誰」、「我過去是誰」，以及「我將永遠是誰」。而且，如果以文字描述「自己的核心是誰」就是真正的誓約，那麼太好了，這樣的誓約我就絕對不會打破，對不對？因為要打破誓約，我必須停止成為我自己。那樣一來，就有一個大大的問題必須去探索：當我是完全的我時，我是誰？

我這樣問自己。我也做出清單並且修掉一些項目。這對我來說是不是真實的？永遠是嗎？我與文字戲耍著。我能不能說的更好？更清楚？更簡潔？更強而有力？哪些文字能讓我的心在認可中歌唱？這個清單逐漸地縮減成七個簡短聲明。當這七個聲明感覺成熟時，我就把它們打在一張紙上，並張貼在牆壁上。我對這個聲音說，這些就是我的誓約。這就是我是誰——真實的我、完整的我、正宗的我——我發現的這個我，正在和你說話。

▼珍妮的誓約

1. 經常祈禱
2. 追求真理
3. 臣服，除了神之外沒有其他道路
4. 從愛出發
5. 榮耀你自己
6. 生活在夥伴關係中
7. 和他人一同創造美善

我看著自己的誓約。牆上有七個誓約的感覺真好，每天都提醒我，我是誰。但是這樣感覺還不完整。

為此我書寫：「親愛的神，還缺少什麼？」

好吧，缺少的東西，我很快就知道了，就是禮儀（ceremony）。當人們宣告他們的誓約時，他們會經歷一個禮儀——婚禮、修士的見習期、授聖禮——對他們新的承諾做某種公開的宣示。二〇〇〇年十一月十一日當天，我請了十一位很棒的女性朋友來見證我與聖靈的宣誓禮。我宣讀我的誓約，然後我們祈禱、唱歌、跳舞、喝香檳酒、盡情享受魚子醬與偷捕的鮭魚。為了榮耀這個盛典並且鞏固這件前所未有的事，我用前夫給我的所有珠寶換了一個漂亮的暗橘色墨西哥蛋白石戒指，每一邊鑲有十一顆小鑽石，而戒指內部則雕刻著「七」。

我的生命真的改變了。這個曾經整天哭泣的女人，現在已經用魄力與目標穿過這個世界。這個曾經在恐懼中退卻的女人，如今深具信心地堅持她的立場。這個曾經被迫要賣掉房子的女人，如今擁有一間漂亮的城區住宅（townhouse）。這個失去諮商執業的女人，如今用靈魂寫作得到的指引療癒了破碎的心。「發生了什麼事？」人們問。發生了書寫。發生了祈禱。

原諒，然後療癒

無論究竟是什麼，人們想要它——而我則迫不及待要分享。在坦帕（Tampa）的一個衛理公會的大型教會，邀請我去對一個從離婚中復原的團體演講，主題是原諒。我得想一想我的日記練習中有什麼是關於原諒。我找到一篇有關自我原諒的深刻書寫練習，以及一篇順帶提到原諒的書寫，不過只有這樣而已。

在團體聚會時，我分享自己的故事。我給團體成員看聲音出現的那些書寫，我也唸一些我喜愛的經文。我鼓勵他們積極地參與從靈魂深處而來的書寫，回答了許許多多的問題。當時間到了，他們都不想要離去。

三個月之後，這個教會邀請我回去。這一次的主題是？原諒。我直接來到我的日記：「親愛的神，我沒有足夠關於原諒的資料，**你也知道的**！好吧，我懂了：老師需要去教別人一些他自己需要學習的事物。好吧，我準備好了。我只是不知道如何做。你告訴我怎麼原諒，我就會原諒。」

你們求，就必得著——哇，我真的得著了！電台播放的歌曲、雜誌裡的文章、與朋友的會話，甚至我的讀書會團體當月所選的書——都是關於原諒。我正在原諒之海裡游泳。我知道這種恩惠不只是為了一個好的課綱，它還包含更多的事：我必須要做的事，在我的生命以及我的書本中所欠缺的事。我心中帶著這樣的想法，在隔週的星期天去了教堂。牧師以一段我從未聽過的聖經經文作為講道的開端：「那赦免少的，他的愛就少。」（路加福音 7:47）

聽到這段經文的當下，我的心就知道要怎麼做。我必須原諒我的丈夫——在最後，要完全並徹底地原諒他。這樣他才能夠再愛，這樣我才能夠再愛。終究，我要他能夠自由地去愛與被愛。牧師在講道時，我寫下了我有史以來寫過的最美、最有力量的禱詞。禮拜結束時，我幾乎無法動彈。那種感覺非常奇妙，我幾乎暈眩——好像我正在呼吸完全不同的空氣。而這個情況確實發生了。這個情況確實發生了。

當天下午五點，我把車開進一間麥當勞的停車場，要接回我的兒子，他和他父親的探視時間結束。我前夫一見到我，就下車向我走過來。我的胃一陣緊縮，卻來不及伸手去拿手機。他敲敲我的車窗，我把車窗搖下四英吋，他握拳的手飛快地伸了進來。我畏縮地靠著椅背，有個東西飄到我的膝蓋。

「這是什麼？」我結結巴巴地問。

「一半的牙醫費。」他低聲含糊說著。

我低頭一看，那是一張三十八美元的支票，剛好是我們兒子上一次看牙醫的一半費用。根據我們的離婚協議，我前夫必須支付我們兒子一半的醫療費用，但是直到那天為止，他未曾支付半毛錢，並且已積欠我上千美元。

「謝謝你！」我對著他離開的背影喊道。

隔天早晨，我在日記裡想著那張支票。「親愛的神，他為什麼那麼做？」我翻回前一頁，看著我星期天寫的筆記。那是我最後關於原諒的完整祈禱——是在他開那張支票的一或兩個鐘頭之前寫的。我從未告訴前夫我寫的那個祈禱，但是從那時起，我們的關係就比較不緊張了。

然而，我們的兒子依然對於探視感到掙扎。終於，在二〇〇二年的春天，他看著他父親的雙眼，說：「爹地，我不會再到你家，我也不打算和你再搭同一輛車。」

當兒子告訴我他說的話時，我有兩個互相衝突的反應。首先，我因為他找到力量說出他的真心話而感到驕傲。另一方面，如果我們的兒子不再見他父親，他們到底要如何療癒呢？而如果他們不曾試著去療癒，兩人的心裡會不會就此留下一個缺口？

我在日記裡對聲音談起這個情況，然後就明白要怎麼做。我和兒子分享了這個想法，他對我的想法沒什麼興趣，不過他還是讓我打電話給他父親。

「你何不來這裡探視呢？」我說：「星期四或星期天過來晚餐吧。」

我的前夫於隔週的星期四前來。那是我們離婚後首次在晚上坐在餐桌前，注視著彼此。這很怪，我想，不過不知怎地，感覺還好。晚餐一結束我的兒子就飛奔上樓，假裝要做家庭作業。父子兩人在那天晚上或許說不到五句話，不過算是個開始。

隔週，我告訴母親關於前夫來家裡晚餐的事，她很反感：「你怎麼能讓一個曾想殺你的男人進入妳的屋子裡呢？」

「他沒有要殺我，媽，而且我也不怕他。我想要我們的兒子明白我並不害怕，所以他也可以不要再怕。」

她嘆氣：「我希望你明白自己在做什麼，親愛的。」

我把這事告訴姐姐，她掛我的電話。我告訴朋友，一個朋友就對著我吼。大部分人都搖頭，我最好的朋友則試著了解。她問我，我為何要這麼做。我告訴她，我這樣做是希望我兒子和他父親之間的痛苦得以療癒。「好吧，妳是好心，」她說，可是「你怎麼做得到」？

「噢，那很容易，」我說：「我已經完全、徹底地原諒了他。」

有十五個月的時間，我前夫每兩週就和我們共進一次晚餐，直到他因為病得太重下不了床為止。二〇〇三年十月六日，他因為嚴重的腦幹中風而過世。十月六日並不只是那一年的某一天，那一天是贖罪日（Yom Kippur），猶太教曆法中最神聖的一天——我不會錯過的節日。

我打電話給他最好的朋友，我們一起前往我前夫經營的公司。我們打電話給他的律師與銀行，得知他的生意面臨嚴重的財務危機，而且如果不是因為他過世，或許他就會破產。我們和他公司剩下的幾位員工見面，處理他們最後的薪水。當辦公室終於空無一人時，我坐在這個廢墟裡，開始整理他的檔案。我面對的是六個生鏽的檔案櫃，每個櫃子有五個抽屜，塞滿雜亂無章而且沒有歸類的檔案。我從最底層抽屜開始，拿出每個檔案，看了一遍，想辦法理解該怎麼處理每個檔案內的資料。

在第三個抽屜的底部，我看到一個貼著「人壽保險」字樣的厚檔案夾。我們的離婚協議要求他要為我們的兒子投保二十五萬美元的人壽保險，但是檔案內的資料顯示他的保險已經失效。

然後，在朦朧的淚眼中，我看見自從我邀請他到家裡探視兒子的那一週起，他開始了一場與他的壽險公司之間的長期奮戰。儘管這花了他六個月的時間，也還缺七千八百美元，但他不只成功地讓他的保險復保，還增加了保額，並且以我為受益人。當我收到那張面額三十二萬二千美元的支票時，我知道我握在手裡的是原諒力量的明證。而且，彷彿擔心我錯過這個連結似的，這張支票的開票日期是二〇〇三年十一月十一日——距離我慶祝立下誓約的那一天，剛好滿三年。

有時候我會想，如果我沒有與這個聲音進行深層對話，我的人生會是什麼樣子。我會安然地渡過離婚的驚濤駭浪嗎？我的心會得到療癒嗎？同樣的奇蹟會不會發生呢？我會完全徹底地原諒前夫嗎？他會增加壽險保額並留給我嗎？我無法把我的人生重新倒帶，然後往前播放一種沒有靈魂寫作的新劇本，所以我猜想我真的無從得知。可是我相當確定這些問題的答案都會是否定的。

來自靈魂深處的靈魂寫作，如今已經在我的日常靈修活動中根深柢固。那是我冥想與祈禱的方式，那是我解決問題以及學習的方式。那是我哀悼的地方，也是我表達喜悅與感激的地方。那就是**我之為我**。

而那當然也可以是你。畢竟，這本書會來到你的面前，並非偶然。在事物的大架構中，沒有偶然，只有神的約定。我的離婚就是我最糟的人生經驗，但它也是一個神的約定——和命運的一個約定，和聲音的約定，以及和我自己的約定。沒有離婚事件，我可能就不會發現這個聲音，而沒有這個聲音的智慧，我當然就沒有我今日擁有的生活、工作，以及感受到的喜樂。

我們人類是很奇怪的。我們不太可能在愛與豐足的時刻轉向神，總是要等到毀滅的風暴來臨，而且我們臣服的動作也不夠快。如果你是需要受挫才會逼你轉向內在的那種靈魂，那麼，我肯定宇宙將會樂於允諾。但是此處有個小事實可以溫暖你的心：**你不必非要經歷一場創痛才能收到那個邀約，它是一個開放給所有人的長期邀約**。不管你目前的處境是好是壞，接受這個邀約，你就將經歷直接且立即通往神聖意識的入口。接受這個邀約，你就會聽見並看見這個聲音。接受這個邀約，你就會收到你的心所渴望的智慧與奇蹟。

你要如何接受呢？很簡單。把你的意念設定為「要與內在的超凡聲音連結」，拿起一枝筆，然後開始。

第二章　什麼是靈魂寫作？

是寫日記嗎？

這個世界似乎同意寫日記是一件好事。在書店的自我成長類書架上隨便挑一本書——任何一本——你很難找到一本書沒有建議寫日記的。

克理斯汀娜・包文（Christina Baldwin）於一九九〇年以《人生指南》（*Life's Companion*）一書推展這個風潮。接著就是卡麥隆的《創作，是心靈療癒的旅程》，提到每天早晨書寫三頁以提高創造力。幾年後，莎拉・班・布瑞斯納（Sarah Ban Breathnach）在其暢銷書《靜觀潮落》（*Simple Abundance*）之後出了一本《簡單富足感恩日記》（*Simple Abundance Journal of Gratitude*）。此後，從華理克（Rick Warren）的《標竿人生》（*Purpose-Driven Life*）到史蒂芬・柯維（Stephen Covey）的《與成功有約》（*Seven Habits of Highly Effective People*）再到約爾・歐斯丁（Joel Osteen）的《活出美好》（*Your Best Life Now*），似乎每一本轟動的書籍都有一本日記本搭配。有些書籍甚至以獨立的日記型態出現。菲利浦・麥格羅（Phillip McGraw）寫了《生活策略自我探索日記》（*Life Strategies Self-Discovery Journal*），給予讀者機會去親身經歷智慧，而不只是閱讀它們。

不要認為寫日記是局限於「比較柔性的」靈性與個人成長等領域。如果你在任何網路書店以「日記」來搜尋，你將發現一切事物都有日記，從約會到疾病到體重控制以及品酒。即使是依照數據處理的財務與管理世界，也明白寫日記的價值。百萬暢銷書《心靈雞湯》系列的共同作者暨美國最成功傑出的勵志教練傑克・坎非爾（Jack Canfield），在《成功原則》（*The Success Principles*）一書中，推薦寫日記：

> 許多人透過書寫日記的方式來接近直覺的資訊，因而獲得最偉大的成功。拿著你需要答案的任何問題，並且開始書寫這個問題。一旦你得到問題的答案，就把它們寫下來。你將對於在這個過程中能夠產生的清明而大感驚奇。

其他專業人士也鼓勵寫日記。治療師時常推薦寫日記來加深、強化治療的結果；催眠師鼓勵他們的個案寫日記；不同傳統中的靈修指導者也輔導求道者在紙上探索他們的靈修生活。從青少年把心情寫在日記上，到減重教練記錄每一口食物，數以百萬計的人都以這種或那種的形式來寫日記。

但是，並非所有形式的日記都有同樣影響。靈魂寫作有幾個特色，不同於典型的寫日記方式。

第一個差別是意念。雖然有數百本書、數千位心靈導師都頌揚寫日記的好處，卻鮮少有人提及關鍵的第一步：在你拿起筆之前要做的事，就是設定你的意念。就是這股意念能量讓一切就緒。當你從一個清楚的意念出發去接近內在智慧的聲音，宇宙就知道你已經準備好要開啟你靈魂中的兩扇門：進入你深層自我的門，以及到達宇宙神聖的入口。那是一個強大的結合，也是一個清楚的訊息。而且宇宙永遠都會回應。所以當你設定意念，要向神聖對話開啟你的靈魂時，你就把書寫的動作提高到一般日記書寫鮮少企及的位置。

第二個差異是目的。靈魂寫作有一種單一、強烈以個人為主的焦點。它是關於你、你的生命、你的關心、你的抱負。它是關於發現並給予這個聲音埋在你靈魂深處的秘密。它是關於提出問題，直到你揭露出自己未曾問過的問題為止。它的目的是要傳遞你**現在**所需要的指引，以活出你在這裡要活出的完整、豐富的生命。心中帶著那樣的目的進行書寫，你將發現一系列答案——不只是任何的答案，而是**你的**答案。

如同你即將發現的，靈魂寫作也有一個獨特的過程。在接下來的篇幅中你將學會的書寫方式，在談論寫日記的書籍中並沒有討論。

靈魂寫作與寫日記之間的**另一個巨大差異就是承諾**。這種書寫有一個困難，讓它大大超越了標準日記書寫的自我探索。這個困難就是：「如果你請求宇宙指引並且也收到了，你就有義務要去做某件事。」你不能只聽見這個智慧的聲音然後說：「喂，謝謝這個建議，但是我想我還是繼續以我的方式來做。」為什麼要開啟你靈魂的那扇門，然後卻假裝你沒有打開？在深層的靈魂寫作中，你找到了通往你內心的方法，你訴說你的故事、提出你的問題、聽見你的答案，並且接收你的指引。接下來，你要怎麼回應那個指引，由你自己決定，但是你不能完全忽略它。

設定你的意念，帶著一種目的進行書寫，遵循這個過程，並且許下承諾，要善用接收到的智慧。

做到這一切，你就不再是寫日記——至少不同於一般人說的寫日記。你是在你的靈魂裡書寫，用你的靈魂在書寫，也是穿透你的靈魂在書寫。你正在接通這個聲音，請求指引，並且接收它。你正在對宇宙的恩寵與恩賜打開你自己。你正在改變你自己。

是冥想嗎？

當我們聽到「冥想」一詞，我們通常想的是某個人坐在地板上，盤著雙腿，背部打直，吸氣吐氣，在靜默中尋求放空頭腦。多年來我努力以這種方式冥想。我試過引導冥想、禁語冥想，以及脈輪冥想。冥想時我用真言、心法（Mudra）、聲音、樂鐘、顏色，以及，當然了，呼吸。但是我從來就無法運用我的心思去做那麼清楚的事。雜念總是在那裡刺激撩撥著我。「承認它們，」指導老師會以一種溫暖、柔和的聲音說：「然後讓它們過去。」相信我，我會想，這些念頭那裡都去不了。它們忙著提醒我所有我必須做的事以及所有我必須處理的問題。

發現靈魂寫作並不是我的功勞，我只是碰巧發現了它。在純粹的絕望之下，我拿起一枝筆在紙面的最上方就寫：「親愛的神，」在那一刻，我一切的恐懼念頭立即列隊想要被聽見。它們透過我的筆跳至紙上，我可以在紙上看見它們，聲音也可以讓我看到療癒這些恐懼的方法。三年來，我訴說我的故事並請求指引。而且，三年來指引不間斷地出現——每一天。

《牛津英文字典》說冥想是「深刻的靈修活動、宗教反省或心理沉思」。靈魂寫作當然是深刻的。它肯定是一種靈修活動，它或許也是你曾經體驗過的最深層反省。而且你的心思是完全地投入，還有你的身、心、靈也是如此。因此這種書寫是一種冥想——並且不僅只於此。

這種書寫冥想與現在的你相會，無論你心裡在想什麼。那是與你最好的朋友及宇宙最明智的諮商者合為一體的時候。這種冥想是一種親密而私人的對話，無法解釋，甚至無法真正分享。但是你知道那是真實的，因為它就在紙上——你自己與神聖內在聲音的私人對話。

是祈禱嗎？

對於「靈魂寫作是一種祈禱嗎？」這個問題，我不知道我的回答除了「是」之外還能有什麼其他答案，因為祈禱是有意識的與神連結。當你以這種方式書寫時，你當然是有意識的，雖然你也是**沒有**意識的。我這樣說的意思是，你並不局限於意識層次。當你書寫時，你潛入意識底下，來到你不知道你有的念頭與感受，同時你往上直竄，到意識之上以經歷真實的理解、安全以及平靜。

這種書寫當然也是一種連結。當你接觸到某種來自你內在、卻又在你自己之外的某種事物時，你很快就會認出來。

你可以用任何我們指定的任何名字來稱呼這個神，或是稱它為聲音。你想用什麼名字來稱呼都可以。名字並不重要。重點是你知道你是連結到某個更大的存有。在某個階段甚至「連結」（connection）這個字也變得不足以描述這個經驗。也許，「神聖的交契」（communion）會是比較正確的用詞。

那麼，靈魂寫作是不是寫日記呢？從你是在一本日記上書寫這個角度來看，沒錯，但是靈魂寫作比寫日記還要多出許多。它是冥想嗎？是的，但是它也與冥想**有所不同**。它是祈禱嗎？是的，但它是一種**新型的祈禱**。它是所有這一切方法，又不只於這一切方

與聲音交流的梅式圈

法。當寫日記變成冥想、變成祈禱，它就成為靈魂寫作。

當你進行此種書寫時，你就進入你與存在於你內在的這個聲音之間的一個連續的溝通環道。你書寫，而聲音傾聽；聲音書寫，而你傾聽。就是如此簡單——而且如此神秘。與聲音這種交流的一個最理想的象徵符號就是梅式圈（Mobius strip），因為它沒有起點也沒有終點，沒有內在也沒有外在，沒有停止也沒有開始。

或許我們不應這麼努力地要回答這個問題：「什麼是靈魂寫作？」最終，每個人都會找到他或她自己的答案。你的答案將不同於我的答案。你的經驗也將不同於我的經驗。而且也許那就是它應有的方式。

第三章

我需要準備什麼？

靈魂寫作可以是一種偶爾的慰藉，也可以是一種持續的對話。如果你只是想要體驗這個聲音，你需要具備的只是紙、筆，以及坐下來書寫的動力。但是如果你想要打開那扇門並且讓門維持開啟，讓你得以持續且立即接近這個內在的超凡聲音，你要多做一點準備。要開始一個隨著時間會越來越豐富、也越來越深入的書寫靈修，你必須做以下幾件事：

- 擬出時間表
- 停下來
- 買一本日記本（或是筆記本、其他紙張）
- 選一枝筆
- 讓你自己有空
- 創造一個神聖的書寫空間
- 妥善保存你的日記

這些事情很容易；你只要兩分鐘就可以做完。它的花費也很便宜，你的全部投資可能就是幾塊美元。然而，你的回報可能是無價的。

擬出時間表

就像明智的理財活動「先支付自己」（pay yourself first）可以隨時間創造出巨大的財務利益一樣，「先告訴聲音」這個明智的靈修活動也會隨時間產生具大的靈性益處。在一天當中挑選一段時間與聲音說話。空出十到十五分鐘時間——當你處在壓力當中時，就再多加一點時間。書寫並沒有對的時間或不對的時間。一天當中的什麼時間並不重要，重要的是做出這個時間的承諾並且維持下去。

大部分的靈魂寫作者都說他們在早晨書寫，就在開始自己一天生活之前，即使那意味著要早個幾分鐘起床。他們說，這是唯一的辦法，讓他們可以確定自己的書寫時間不會被中斷。

我喜歡這個主意，可是一天開始之時我的頭腦總是處於混亂狀態，而且不合作。反之，在我上樓進辦公室之前，我喜歡先喝一杯咖啡，閱讀新聞，並做做猜數遊戲（Sudoku puzzle）。在辦公室裡，我複述我的個人誓約，並且大聲說出我的每日書寫祝福，祝福我的工作、我的生活，以及我的手。接著我坐在書寫的位置上，至少以十分鐘時間與這個聲音書面對話。當我完成後，才移動到電腦前，進行我的專業書寫工作。我經常調動我的順序，但是對我來說，基本上那就是行得通的時間表。

幾位寫作者提到，他們能夠在一天當中的時間空檔來書寫，比如午餐或晨間休息時間。當你的休息時間固定、你也有足夠的隱私空間時，這個計畫能運作良好。但是如果你傾向在休息空檔時繼續工作，或是你擔心有人會從你肩膀探頭看到你的書寫，或是問你在做什麼的話，這個方式就行不通。如果你的家庭生活太混亂，你可能要看看你的工作行程表，看看是否可以找出一個固定的書寫時間。

在靈魂寫作工作坊中，許多人都說他們是在入睡前書寫。我一向知道這種書寫有一種鎮靜效果，可是南西，這位三十五歲職業婦女的一段話，讓我和靈魂寫作課的成員都大感驚訝：「每晚我都等不及要書寫！它讓我喋喋不休的頭腦整個平靜下來。當我書寫時，我就完事了，我也不用再去思考我的問題。在我的成人生活中，我第一次可以整夜好眠！**我愛這個活動**。」我以為我了解書寫的力量，但是這個把寫作當成安眠藥的主意，是一種嶄新且奇異的發現。

多娜把她的書寫時間表分為兩段。當她第一次到靈魂寫作工作坊時，她是一位按摩暨結腸治療師，有一個「開展不順」的職業生涯。在重寫她的生命之後，如今，她是一個傳播健康與替代醫療訊息到全世界的網路媒體公司的創辦人。「我每天持續書寫，」在她完成課程之後十個月，她告訴我：「我在早晨說出我的口頭肯定語句，描述我想要過的生活，然後寫下任何出現的訊息。一開始，我需要二十分鐘左右的時間書寫，因為我的生活與我想要過的生活之間非常不協調。現在我的書寫時間非常短，大部分都是一個待辦事項清單。此外，我在晚上寫一個感恩日記。我書寫我完成的事，它如何符合我正創造的新自我。我提到我想對和我談話的人士表達的一切感激之情，還有我所面臨的處境，甚至是當天我面對的挑戰。」無庸置疑地，多娜建立了她的完美書寫時間表。

一張成功的時間表，關鍵就在於你每天書寫的時間點要差不多相同。不要說「我會在我可以書寫的時候寫」，相信我，你絕對找不到這個時間。並不是你**不想要**或**不努力**去做，問題不在於你，而在於藏在你內心深處的那個焦慮的小批評家，他怕極了當你和這個聲音開始真正對話之後會發生什麼事。

當那個小批評家掌握了改變的線索時，別指望他不會拋出各種阻礙你預定行程的事。如果你發現自己說「我以後再寫」或「我把□□顧好之後再寫」（空格內可填入任何一個需要你暫停手邊工作並做滿足他們需要的人），你就要知道，你的內在批評家正在阻止你轉向可能改變你生命的事情上。如果你發現自己跳過書寫時間的次數多於你成功書寫的次數，那並不代表你懶惰、軟弱或太忙，那只代表你的內在批評家——不是你——暫時掌控了局面。請回到原點，製作一張時間表並堅持下去。

成本：零元。

停下來

書寫不是你**必須要**做的事；書寫是你給予自己的一份禮物——可以暫時停下來的禮物。暫停一下，並且步下那輛我們整天、整週、整年行駛的忙碌、走走、做做、上上下下的火車。暫停個幾分鐘，和聲音說說話。別擔心火車會拋下你往前疾駛。你不但可以再回到火車上，不會有任何問題，你也能帶著新的答案、新的清明、新的能量，以及一點清新的新希望，再重新上車。

成本：零元。

買一本日記本

任何書寫的材料都可以。一開始，你的日記本可能是在屋裡某處找到的最陽春的筆記簿，或是孩子沒用完的作文本。如果當你正卡在車裡時出現書寫的衝動，你的日記本也許是像一張速食餐巾紙背面的東西（我已經學到教訓，最好是在車內的置物盒放一本小小的活頁筆記本）。媒介物並不重要，不過最終你會想要一本好的空白本子。零售商店和網路書店滿是日記本——事實上，選擇多到讓人不知所措。

當我買下我的第一本日記本時，我心裡有一個標準——依照成本。地方書店的最便宜空白本子是一種沒有裝飾、十一吋乘八又二分之一吋的筆記本，黑色卡紙的樸素封面，以及一百五十張空白內頁。我高度推薦這種超級樸素、低成本、大尺寸的空白本子。它給我許多的空間，讓我可以用又醜又大的字吶喊並宣洩。這種本子相當便宜，以至於當我兩週後爬梳完第一本日記本後，我並不在意。我就是出門再買一本。在我寫完一打這種本子後，我才準備要用小一點、漂亮一點的日記本。

我喜歡到書店去挑選日記本。我實驗過不同裝訂方式以及不同尺寸的本子。我發現用活頁裝訂的本子書寫令人愉悅，因為本子可以完全敞開，也沒有那種在一本過小的日記本上書寫的麻煩。我買過薄日記本、厚日記本、有蝴蝶結的日記本、有諺語的日記本、白色內頁、米色內頁、畫線內頁、空白內頁的日記本——不同尺寸、不同性質，以及不同價格的日記本。曾經，在我覺得非常放縱時，我買了一本昂貴的藍色軟皮日記本，我甚至不希望把它用完。我現在已經不買日記本了；我兒子發現他送我的禮物中，日記本是我最喜愛的禮物。他選的日記本是通往他當時對我的看法的一扇小窗，而他的題詞對我的意義，就像這本書中所包含的對話一樣重要。

當你到書店去買日記本時，想一下這個可能性：可能不是你在挑日記本，可能是日記本在挑你。

泰瑞莎有這個經驗。她拿著她的日記本，在她的靈魂寫作團體中分享了這個故事：

課程結束後我去了兩家店，就是找不到對的日記本。所以我就到街角一間藥妝店，買了一本簡單的活頁筆記本並開始書寫，我以為之後自己會買一本真的日記本。

小時候，我經常畫雛菊給祖父，我用明亮的顏色塗一圈圈大花瓣。我們非常親密，我也非常想念他。我開始書寫幾天之後，做了一個夢。在夢中，我的祖父遞給我一張紙並且說：「你要知道這件事非常非常重要。」我看著這張紙，上面畫著一朵花，就像是我曾經畫給他的花一樣。隔天早晨當我拿起日記本要書寫時，我看著日記本封面，上面是一朵有圈圈花瓣的彩色大雛菊——就像在我夢中出現的圖案一樣。當我買這本筆記本時，並不記得封面畫有那些花朵。我選它的時候並沒有意識到那一點。但是現在當我在這本日記本上書寫時，我覺得和祖父有了連結。我很高興我買了這本筆記。

盡情挑選你的日記本，但是不要太誇張。如果日記本花費太高，你寫完一本日記的時間就無法如你需要的那樣久，也無法如你需要的那樣充分書寫——或是無法如這個聲音想要你書寫的那樣長久與充分。我曾經在加州一間畫廊裡買了一本扣人心弦的手工裝訂日記本，封面是一幅拼貼藝術，內頁是手工紙。這本日記看起來很美，光是拿著就感到很快樂，但是我無法讓自己每次書寫超過兩頁的篇幅。我得記住，重點是對話，而非承載對話的工具。

成本：使用屋子裡現有的紙張是零元。

一本便宜的活頁筆記本是二到四美元。

一本相當漂亮的日記本是十到二十美元。

選一枝筆

說到你的書寫工具，範圍可以從電話旁用了一半的鉛筆，到去年冬天銀行送的原子筆，再到一枝豪華的全新鋼筆。我的看法是，我的筆是上靈（Spirit）聲音的物質工具，所以我尊重我的筆。

在書寫多年後，我愛上了輕材質的萬寶龍「世代」鋼筆。它的價格要兩百美元以上，在當時我這樣的放縱有點不尋常，但是一旦我把筆拿在手裡，我就無可救藥。無論我到哪裡都帶著那枝筆——教堂、音樂會、演講——任何一個我可能聽到會想要記住或與聲音交談的事情的地方。

然後，在我買了這枝筆四年之後，這枝筆消失了。我的心都碎了。我試過用別的筆來書寫，但就是不一樣。當我到坦帕的萬寶龍門市去買另一枝筆時，他們告訴我，我那枝型號的筆已經不再生產。我看著門市裡的每一枝筆，可是沒有一枝讓我感覺是對的。店員很同情我，就幫我在全世界搜尋一枝和我曾有的一模一樣的世代鋼筆。

這個搜尋花了八個月時間，但是他終於幫我找到了一枝。當他把那枝筆拿給我時，我在店裡的試紙上寫滿了一整頁大大的草寫體「親愛的神」。我還是隨時隨地帶著我的日記本，但是我把摯愛的鋼筆留在家裡。

成本：使用家裡現有的筆是零元。

一枝好的原子筆或鋼珠筆是三到五美元。

一枝攫獲你心並且讓你放不下的筆，價格未知。

讓你自己有空

一旦你讓宇宙知道你打開了自己，資訊和想法就會到來，無論你是否坐在書寫的位置。你的夢將充滿象徵符號與故事，讓你想要與聲音討論並詮釋。或許凌晨時分你也會因為一些需要被書寫出來的文字而醒過來。我能透過自己夢境的瘋狂程度以及不太友善的催促來判斷事情有多強烈或重要到必須「醒過來書寫」。把你的日記本或其他筆記本放在床邊，並且無論你到何處，都帶著一本小本的口袋型筆記。

成本：零元。

創造一個神聖的書寫空間

正如你隨處都可以祈禱一樣，你也隨處都可以書寫——在床上，在車陣裡，在咖啡店，在廚房餐桌上，在你的後院，在你的書桌前。確實的所在位置沒有關係。但是我們會傾向在神聖的空間如教堂、猶太聚會所、清真寺、聖殿以及會議室等地方祈禱，是因為在一個我們覺得神聖的環境裡祈禱的感覺很好。所以書寫也是一樣。你在任何地方都可以書寫，你也可以創造一個神聖的書寫空間，反映出你和你與聲音關係的空間。這個地方可以小如你床頭櫃的抽屜，也可以大如一整個房間。你所需要的只是安靜、不受打擾、明亮，而且容納你的日記本和筆的空間。

如果你想要創造一個個人深層書寫的空間，就從一個舒適的扶手椅開始。放一張書桌以及你的日記和筆，一盞好燈，以及你喜歡的聖典或靈修書籍。接著，添加任何能夠強化你經驗的東西：藝術品、護身符、蠟燭、聖油、祈禱念珠、石頭、水晶、羽毛、照片、拜毯——任何一切能讓你的意識朝向內在以及往上提升的東西。你有一張軟凳是嗎？把它也拿進來。當你在書寫時，你希望是舒適的，然後你的整個存在便能完全地專注在書寫上。

但是請注意：當你為你的「完美」書寫空間尋覓完美物品時，不要耽擱書寫。這個書寫活動並不是關於這個空間；它是關於與聲音的交契。這個聲音不太在意你所在的房間，這個聲音只想要談話。如果你發現自己在佈置空間的時間多於你在空間內書寫的時間，你要明白那並不是你有意要逃避書寫，而是你內心那個小批評家又來確定你不要有任何改變。把他推到一旁，坐下來，就你所在的地方開始書寫。

成本：零元。

妥善保存你的日記

你的日記是神聖的。它們是你與聲音之間的最私密對話記錄，它們是獻給你和聲音的，而且**只有你和這個聲音**。正如你不會把你的祈禱內容逐字逐句地給另外一個人看，你也不會想要任何人閱讀你和聲音之間的書面對話內容。所以，找一個私密的地方存放你的靈魂筆記本。

在我開始辦理離婚手續的兩個月之後，我的丈夫闖入我們的房子。他只拿走一個東西：我的日記。幸好，我的書寫是如此強烈與快速，只有聲音能夠讀得出頁面上狂暴的潦草筆跡。我的丈夫最後還是把日記本給了他的律師，他的律師再把它轉給我的律師，我的律師再還給我。我一拿回日記本，就坐下來開始寫。但是我不再把它留在客廳我書寫位置的桌上，我把它藏在我辦公室內的檔案之間。

在靈魂寫作工作坊中，團體談著如何讓日記不被偷窺的各種方法。少數人（通常是那些經歷關係風暴的人）明白他們必須在外面書寫，或是只有當他們獨自一人在家時才能書寫。他們還很小心地藏著日記本，或是，在必要的情況下，他們是使用沒有裝訂的散頁紙張來書寫，並且把這些散頁投入碎紙機裡。

不確定你要怎麼做嗎？問問自己，你的伴侶或小孩或任何在屋子裡的人會不會看你的日記。如果答案為是，或者如果你不確定，就保持警覺並保護你的日記。然而，不要拿隱私作為不書寫的藉口。經歷關係轉變的人就像任何其他人一樣，需要同樣的、或者更多的書寫。

年紀較長的寫作者有時會談到，不想要親戚在他們死後發現他們的日記。最近一個工作坊的團體中，有人對這個兩難提出一個解決辦法：選一個日子，舉行一個有幾位特別朋友（像是你的靈魂寫作團體成員）參加的「煙火」派對。在派對上，小心而慢慢地把日記放進一個銅盆、壁爐或者是烤肉架銷毀（務必確認你知道自己在做什麼，並且在你採行這個方法之前，確定你可以控制火苗。一台碎紙機也許比較不那麼戲劇化，但是它可以有同樣的效率）。還有另外一個替代方法，它適用於信任自己家人的人：在你的遺囑中寫一個要求，請家人不要閱讀你的日記並把它們直接銷毀。我知道我可以把這一項放入我的遺囑中，我的兒子會尊重這個要求。

如何銷毀日記這一主題出現的原因就在於，一旦你開始這個對話，你無法停止。假設你每天平均寫三頁，那麼一週就有二十一頁。如果你的日記本有兩百頁，它可以讓你使用十週或兩到三個月。以這樣的速度，你一年將寫滿至少四本日記本。如果你寫二十年——好吧，你有概念了！那就會有許多日記本堆疊在櫥櫃裡或是地下室或某處（告解：我有好多本，而且我不打算丟掉它們——我在辦公室的櫥櫃裡建了書架）。所以，如果你不確定自己的日記本有多隱私，暫停一下，決定要怎麼保護它們。如果你確定，請繼續書寫。

成本：如果你獨居，或是與你同住的人尊重你的隱私，就是零元。

如果你銷毀日記，也是零元（也許煤炭或燃料液體會有一點點花費）。

如果你使用一台碎紙機，就是二十五美元左右。

第四章　傾聽我、與我對話的是……

在我捲入與聲音強烈的日常對話的整個期間，我從未想過與我對話的另一頭是誰或是什麼。我太專注在我自己，以及我為了活下去必須學什麼、做什麼、了解什麼。我處在一種親密的關係裡，與「親愛的神」進行豐富的對話，不管那是誰或是什麼。可是當我開始教導他人書寫的時候，我必須考慮這個問題，因為直接稱呼這個聲音，就是靈魂寫作的一個關鍵要素。當時，我把我的工作坊稱為「親愛的神」，但是我告訴寫作的同伴，用他們想要的名稱來稱呼這個聲音。我告訴他們，力量並不在於名字；**力量是在你的意念裡**。所以，使用向你說話的名字。

這樣的方式運作很順利，直到我提交一份以「親愛的神」為書名的出版計畫為止。康納利出版社（Conari Press）的社長堅．強生（Jan Johnson）說：「對許多人來說，『神』一詞並不會讓他們自動感受到溫暖和歡迎。你何不拿掉它，想想其他包含較廣的名稱當書名。」

在苦思這個問題幾天之後，我就放棄了，並發了一封電子郵件給每一位參加過我工作坊的人。我問一個簡短的問題：「你怎麼稱呼這個聲音？」那個問題產生出源源不絕的美麗名字，並激勵我對古代靈修傳統與現代科學作了一番探究。

要用什麼來稱呼神聖，這並不是我們這個時代所獨有的問題。從一開始，人類就對於要用什麼名字來稱呼這個無以名之的存有而掙扎奮鬥。「神」或許是西方現有的用詞——相當隨意地被使用在笑話、廣告、祈禱以及咒罵上——但其實它只是古老的德國／荷蘭／薩克遜人的用詞，代表「至高存有」（supreme being）。在歐洲人的用詞「神」之前，有「阿拉」（Allah）。而在阿拉之前，還有這個詞「耶和華」（Yahweh）。而且在一些社會出現神的觀念之前，還有數以百計的名字被用來稱呼數以百計的神祇——埃及的諸神、希臘諸神與羅馬諸神、凱爾特（Celtc）諸神、古挪威（Norse）諸神與俄羅斯諸神、印度諸神、祖魯諸神與中國諸神、阿茲特克諸神與北美諸神與原住民的諸神。只要有人類居住的地方，就有神——而那些神都有名字。

幾位靈魂寫作者把我的詢問當成一種政治正確的嘗試，給我相當簡短的回信，表示神一詞對他們來說已經夠好，但是我大多數的寫作朋友都證實堅·強生是對的。確實有一股滋生的情緒，認為德國人的「神」一詞太局限、太父權、太過武斷、太**怎麼樣**，而且多少讓人敬而遠之——這個現象，當然，打敗了稱呼神性這個名字的本意。

今日許多人都積極地在為「神聖意識」（divine consciousness）尋找更溫和、更廣納、更令人信服的名字。在《秘密》（*The Secret*）的光碟裡，演講者使用「神」一詞好幾次，但是他們也使用**無限**、**力量**、**律法**、**獨一**、**造物主**、**神聖**、**神靈**、**全有**、**能量**、**高靈**、**靈性存有**、**本源**、**本源能量**、**神力**、**無限的可能**。他們最常使用的字眼是「宇宙」（universe），這是有道理的，因為神聖（無論如何稱呼它）創生一整個全部。如同時常被人引用的《秘密》中牧師麥可・貝奎斯（Michael Beckwith）喜歡說的：「神並非在我們之中，是我們在神之中。」換言之，宇宙的一切就是神聖意識。但是，如同我的幾位寫作夥伴指出，要和某個像「這個宇宙」一樣大、冰冷而遙遠的東西進行一種親密的對話，是很困難的事。雖然他們沒有人覺得自己找到了完美的名字，他們還是謙虛地提供這些建議：

上靈、高靈、大靈、聖靈
獨一、聖一、神一
造物主、源頭、主、萬有
實在、本質、生命能、光
偉大之心、神聖之心、大師之心
存有、一切存有、能量、萬有即是、萬物
心、眾心之心
奧秘、偉大奧秘、偉大奇蹟
至愛、喜樂、真理
父、母、父母神

朋友、證人、聽者、指導

如果我的小型調查是一種民主投票，那麼勝出的就是「上靈」一詞。較多寫作者提到上靈，或是它的相關版本，次數多於其他的名字。

自從收到我的同僚寫作者的電子郵件後，我就有兩個喜愛的名字：「獨一」和「朋友」。想像你與「獨一」有一個內在的對話——最初、最後、全部。我喜歡。「親愛的獨一。」「獨一」似乎像是神的一個完美的名字，因為它捕捉神的一體這個古老概念，與此同時也表達出這個非常現代的觀念，這樣的表述如此美麗，我們和神是一體的。

然後，就是「朋友」。好親切，不是嗎？「親愛的朋友。」神肯定是這樣——完全傾聽的朋友，而且不讓你帶著任何事情離開。這位朋友溫和可愛地指出你思考中的錯誤、你行為上的不一致、所有你妨礙自己的方式，以及阻檔為自己好的方式。沒錯，這個神絕對是我們完全且完美的朋友。

可是在我設定一個新的名字之前，我決定要做某些探索。我從自己兒時的聖典——聖經——開始，但我並未停在那裡。一個名字引起另一個名字，一個又一個。我很愉快地探索人類顯然給神取的無數名字。當然，到最後，只有你和這個聲音能挑選你們在一起的時候所用的名字，但是或許我的探索將激起某些神聖觀念。

探索聲音的名字與由來

我從舊約開始。根據〈創世紀〉十七章一節，當亞伯蘭（亞巴郎）[1]九十九歲的時候，耶和華向他顯現，並說「我是全能的神（El Shaddai）」。El 譯為「神」，Shaddai 譯為「全能的」或「破壞者」。我查詢 El Shaddai 並得知，在猶太傳統中，神的聖名不只一個，而是七個。而且，如果這些還不夠選的話，還有另一個比較不為人知的傳統，琳．戈特里伯（Lynn Gottlieb）在《她居住我心》（*She Who Dwells Within*）一書中有所討論。戈特里伯讓我看到神的另外一個面向。

> 「神住」（Shekinah）是一個女性的抽象名詞，出自於希伯來字根 **Sh-Kh-N**，意思是「居住」或「遵從」。「神住」這個字最早出現在《密示那經》（*Mishnah*）與《塔木德經》（*Talmud*，約公元兩百年），這個字在經文裡是與雅威（YHVH）和伊羅欣（Elohim）互換使用作為神的名字。

用一個女性的名字來稱呼神聖，當然是開啟了一股全新的可能潮流。想一下所有偉大的女神，如希臘神話中的雅典娜（Athena）、凱爾特傳統的布莉姬（Brigit），以及埃及的艾西斯（Isis），只要開始查查女神，你將會驚訝女神有好多種。似乎地球的每一吋土地、每一個人類需求、每一個神聖奧秘，都有一位女神。

我對摩西（梅瑟）感到疑惑。現在，有個人和神說了很多話，那他一定是用一個名字來稱呼祂。我開始讀〈出埃及記〉（出谷紀），而當我讀到第三章時就大笑出來。在這一章裡，這位神聖的存有要摩西（在埃及人眼中他只不過是個奴隸）去見埃及法老（其地位不低於神祇），並且要求法老讓以色列人離開。摩西對此感到有點震驚。

> 摩西對神說：「我到以色列人那裡，對他們說：『你們祖宗的神派我到你們這裡來。』他們若問我說：『他叫甚麼名字？』我要對他們說甚麼呢？」神對摩西說：「我是自有永有的……這是我的名，直到永遠；這也是我的紀念，直到萬代。」（出埃及記 3:13-15）

聽起來相當有力。只是有一個問題：「我是自有永有的」是什麼意思呢？學者們為此已經辯了幾千年了。而且書寫「親愛的我是自有永有的」似乎有點怪。所以我繼續讀下去。在〈出埃及記〉稍後，摩西抱怨法老王是多麼地苛待以色列人，說：「你什麼時

1. 編注：本書中出現的聖經章名、人名，在首次出現時皆採用基督教、天主教通用譯名對照的方式，以便教友讀者閱讀。

候才要拯救我們呢？」神回答：「我是耶和華，我從前向亞伯拉罕、以撒、雅各顯現為全能的神，至於我名耶和華，他們未曾知道。」（出埃及記 6:23）。哎呀，你看看！這個神每隔一段時間就換名字。顯然，它的名字不管是叫什麼，並非一成不變的。

那讓我想到「施瑪篇」（Shema），正統猶太教徒每天都要覆誦的禱文，翻成英文就是：「以色列啊，你要聽，耶和華我們神是獨一的主。」（申命記 6:4）有趣的是，這個遠古的名字「獨一」，在二十一世紀是我最喜愛的兩個名字當中的一個。

在穆斯林傳統中，神有九十九個名字。第一個名字是阿拉；第九十九個名字是阿斯—薩布爾（As-Sabur），意指「有耐心者」或「永恆」。一個聖禮就要依序複誦九十九個名字。當然，那樣一來就會包含所有基礎。

然後還有耶穌所稱的「我們的天父」（馬太／瑪竇福音 6:9，路加福音 11:2）。至少「天父」是聖經的所有現代英文版所使用的名字。但是聖經並非以英文書寫，英文版聖經是翻譯自拉丁文，而拉丁文版聖經是譯自希臘文。

但是令人驚訝的是，耶穌並不是講希臘語。他講的是亞拉姆語（Aramaic），一種閃族語言，聽他講道者也是。小時候我記得每當聽見耶穌呼叫神，他叫的是「天父」（Abba），意思比較接近「爹地」或「爸爸」。我總是以為這個爸爸／爹地的翻譯聽起來很甜，而且告訴我關於耶穌與神的親密關係。但是根據尼爾·道格拉斯—寇樓茲（Neil

Douglas-Klotz）這位敘利亞聖經譯本福音學者認為，當耶穌教他的信徒祈禱時，他叫他們要說 Abwoon d'bwashmaya。[2]

Abwoon d'bwashmaya 不能被翻譯成一個英文字或片語，因為亞拉姆語是一種帶有三層意義的中東語言，三層意義是同時反應出來的：字面的、隱喻的，以及神秘主義的。如果英文傳達此種多層意義，一個簡單的句子如「我打開門」則可能同時承載三層意義：我打開牆上的一扇門（字面的）；我進入我的潛意識（隱喻的）；以及天使們圍繞著我（神秘主義的）。

想像一下，如果那個多層意義的句子後來被翻譯成只有一層意義的語言，會變成怎麼樣。只有字面意義會顯露出來。隱喻及神秘主義的意義會流失。亞拉姆語並不是一種死的語言，所以這並不是語言學的思考。敘利亞人仍然說亞拉姆語，而且它也持續是幾個東正教會使用的語言。聽耶穌講道的人無疑地在幾個層次上理解他的話語意義。而且謝謝道格拉斯─寇樓茲，我們也可以。在他寫的一本絕妙的小書《宇宙的禱詞》（*Prayers of the Cosmos*）中，他解釋了這些多重意義，並且為 Abwoon d'bwashmaya 這句話提供幾個豐富的可能翻譯。

2. 譯注：在基督教普遍使用的中文版主禱文中，第一句從英文譯為中文則為：「我們在天上的父。」

噢，生我者，宇宙的父—母！
噢，您！這位呼吸的萬有的生命
大千世界的呼吸
聲音的本源
明亮耀眼的獨一
名中之名
無言的行動，沉默的力量

顯然，耶穌說的話語遠不只是「天父」。

往東方再旅行遠一些，你就會遇到梵文的「唵」（om），它並不是被當成名字來敬拜，而是一個神秘的音節，傳達神聖的聲音或本質。印度教、佛教、錫克教、耆那教以及拜火教等的信徒，都唱誦這個神聖唵音的各種版本。

在印度傳統中，顯然有許多神祇。但是他們都是一個具有三個重要任務的超自然存有的所有面向：創造、保留，以及接著毀滅並且重新創造。如果你想使用一個印度名字，你想要創造事物，就寫給「梵天」（Brahma）；想要保留你有的東西，就寫給「毗濕奴」（Vishnu）；而當你想要事情有所改變，就寫給「濕婆」（Shiva）。

我不能不想想無神版本的宇宙意識名字就離開我的研究。我指的是科學的名字，那嘗試在不落入宗教陷阱的情況下要捕捉無限的本質。比如像「間隙」（Gap）這個名字。當你第一次聽見印度裔思想家狄帕克・喬布拉（Deepak Chopra）提到這個名字時，你不是感到迷惑不解嗎？可是與此同時，它不是也有道理嗎？在小學的某個時期，我們學到人是由原子組成的，原子裡面是質子和中子，而環繞它們的是極微小的電子。在所有那些微小的粒子之間的是什麼呢？空間——許許多多虛無的空間。這似乎有點離奇，但是我們並非自己在鏡子裡見到的濃稠血肉之軀，我們是高速振動的一團團空間。換言之，我們是行動的、講話的間隙。而我們這些小間隙是連接到這個大間隙的，或者說，是這個大間隙的一部分。聽起來有點像是對「以神的化身和樣子造人」的科學版解釋，你不覺得嗎？

對於想要為宇宙意識找一個無神版名字做進一步探尋的人，可以去讀或試著去讀量子物理學知識。簡單來說，量子物理學認為萬物都是一個大的互相連接的能量場，稱為量子場。顯然，我們是那個場域的一部分，所以如果我們把這個無邊際的量子場稱為「神」，那麼我們就變成小小神（godlet）。

所以，當我們寫給神聖時，我們的小小神的能量表達就與大神的一切能量、一切受造物、一切生命的表達連結起來。我在智性上能明白這個概念，但是寫給「親愛的量子場」，對我實在是行不通。

在兩週的探索之後，我得出這個結論：你尋求越多、讀的越多、你越不確定**這個**神的名字。而且，到最後，不確定是件好事。其實，沒有一個十全十美的名字。把神聖意識想成一個舞廳裡常見的巨大的反射玻璃球，上面有著數以千計的鏡子方塊，每一塊小鏡子都是一個不同名字。沒有一個方塊或名字是不對的，每一個都是我們人類對神聖本質的理解的小縮影。把所有理解放在一起，這個發光的球就散發出全部的宇宙神聖的耀眼光芒。

挑選你喜歡的稱呼

最終，唯一重要的名字就是**你選的**名字，這個讓你的心歌唱的名字。那是你與「我是自有永有的」的對話；如你所願的開始對話。使用你一向喜愛的名字，或是挑選一個新的名字，或實驗不同的名字。使用猶太教的名字、伊斯蘭教的名字、亞拉姆語的翻譯、印度名字，或是梵文的唵。使用基督徒的名字、非基督徒徒的名字，或是你自創的名字。那就是偉大的蘇菲教士——神秘的拉比亞（Rabia）在〈它行得通〉（If works）中所說的：

你會不會來，如果有人
用錯的名字叫你？

我哭泣，因為多年來，祂不進入我的懷抱；
然後有一天晚上我聽說一個
秘密：

也許你稱為神的這個名字
並非祂真正的名字，可能它
只是一個
別名。

我想到此，然後想出一個寵物的名字
給我的摯愛
我從未向他人
提起。

我能說的只有
它行得通。

如果你不確定，就請聲音透露它的別名。在你的靈魂日記上寫下這道問題：「親愛的——————，你叫什麼名字？你的別名是？我要怎麼稱呼你？」接著把你腦中浮現的種種都書寫下來。不要評判，甚至也不要思考在紙上出現的任何事情。就是繼續書寫十分鐘。不要覺得有壓力要找出「對的」名字。使用任何你覺得通順的名字，並且要知道，任何時候只要你喜歡，你和這個聲音都能夠改變名字。

無論這個名字是什麼，我對一件事很有信心：這個聲音會回答你。永遠如此。挑選一個名字是一項愉快的練習，可是對某些人來說，還剩下一個麻煩的問題：這個聲音是誰？這個聲音是不是某種神聖存有或神聖意識的形式？它是不是一位天使、守護者或指導者？它是某種神聖代言人嗎？或者它是你自己的一種較高形式，從一個未來、較為進階的狀態來和你談話？答案為「是」；這些都是這個聲音沒錯，並且它還不止於此。

我不是故意要圓滑。你瞧，這個聲音，是自相矛盾的。它是最大的意識，然而它又把自己擠進你最微小的筆尖。它是宇宙裡的巨大噪音，然而你聽到的卻是在你靈魂深處最微弱的聲音。它是充滿宇宙深度的，然而它和你談的卻是非常普通的事情。

這樣的矛盾是不是讓你覺得挫折呢？別擔心。這個聲音自己將隨時間而對你顯現。你的理解將會開展，你也將生出信任與親密感。最後，你相信這個聲音是什麼，它就是什麼；你認為它在何處，它就在那裡；你認識的它是什麼，它就是什麼。與這個情況和好，並享受這個對話。

靈魂寫作練習

親愛的＿＿＿＿

你叫什麼名字，你的別名是？

我要怎麼稱呼你？

第五章　選擇書寫的理由

書寫帶來實質的身心改善

為什麼要書寫？畢竟，要接近內在智慧還有其他的方法。你可以祈禱，你可以冥想，你可以找一位心理諮商師或催眠師。你可以參與宗教儀式、拜訪一位靈性導師、去見一位高僧，你可以和一位貼心的朋友喝一杯紅酒或咖啡，同時聊一聊。然後，最容易——或許是最可接近——的方式，就是做夢。進入內在意識有許多種途徑，那麼為何要花時間來書寫呢？

理由只有一個：書寫超級有用。如果你想要和這個與你意識只有一線之隔的智慧進行一個活躍的對話，就書寫。

可是為何書寫如此有用呢？今天，我們有各種不同領域的科學家如心理學、物理學、生物化學以及神經學，讓我們一窺意識內涵以及意識如何運作。他們的發現提供我們有趣的線索：有關當我們在紙上書寫時，我們的身心靈究竟有什麼變化。每位研究者都有其瞭解與熟悉的某一特定領域的資訊。綜合來看，這些科學家都指向一個新的、刺激的，以及非常令人信服的對宇宙及我們在其中位置的看法——這個看法有助於解釋書寫如何以及為何對我們的靈魂、我們的精神、我們的生活具有如此深遠的影響。

德州奧斯汀大學心理學系主任詹姆斯・潘尼貝克（James W. Pennebaker）博士，在其生涯早期偶然發現有關抑制（inhibition）力量的有趣資料。一九八五年的時候，他調查了在達拉斯一間企業兩百位人士的健康情況、他們生活中遭遇的心理創傷程度，以及他們是否對任何人揭露過那些創傷。在《敞開：表達情緒的療癒力量》（*Opening Up: The Healing Power of Expressing Emotions*）一書中，潘尼貝克描述了這個令人驚奇的結果：

> 凡是有最嚴重健康問題的人，在兒童時期至少都有一件他們從未向人揭露過的創傷經歷。在兩百位問卷受訪者中，六十五位有未揭露的童年創傷經歷者，更可能被診斷出各種程度的實際健康問題：癌症、高血壓、潰瘍、流感、頭痛，甚至耳痛。奇怪的是，有什麼樣的特定創傷，並不造成差異。唯一顯著的特徵就是，當事人沒有對他人提過這個創傷。

從這個研究調查來看，壓抑的負面效應似乎可以被測量，而且果真如此的話，那麼揭露的正面效應也應該是可以測量的。要測試這個假設，潘尼貝克讓三個團體的大學生每天書寫十分鐘，連續書寫四天。第一個團體被告知，每個人要針對他們生命中的創傷經歷書寫一篇詳細說明——但是只要交代事情經過的細節。第二個團體被告知，每個人要書寫他們對某個創傷經歷的感受——只要交待他們的感受。第三個團體接受指導，要同時書寫一個創傷經歷以及他們對於事情經過的最深層想法與感受。這個研究之後過了六週，第三個團體的血壓值較低，免疫系統運作較好，而且有六個月時間，他們的心情改善並且身體健康情況也比較好。另外兩個書寫團體（事件為主的團體以及感受為主的團體）不但沒有經歷到那些正面效應，而且感受為主的團體還感受更糟。

這個研究結果是如此有趣，所以潘尼貝克開始測試許多情況中的表達式書寫。唯一延續的是學生被要求連續四天每天書寫十分鐘。後續的研究計畫證明，以一種開放、有意義的方式書寫的學生，發展出一種對人生比較正面的看法，經歷的焦慮與憂鬱都降低，對抗較多活躍T淋巴球（T-lymphocyte，身體內對抗癌症的媒介）感染的能力也改善了，並且心跳也比較慢。他們也有——這一點我特別喜歡——比較好的成績！

這些研究結果並不局限於學生。潘尼貝克也測試了書寫對成人的影響。一九九一年，一間達拉斯的二度就業服務公司請潘尼貝克來管理五十位男性工程師，他們平均年齡五十二歲，都是在料想不到的情況下被解職。在《敞開：表達情緒的療癒力量》一書中，潘尼貝克敘述這項研究：

> 儘管他們是我所見過最刻薄、最不友善的一群成年人，他們還是渴望嘗試各種可能增加他們找到另一份工作的事情。

這個基礎研究很簡單。一半的男性被要求書寫他們對於自己被裁員的最深層想法與感受，連續五天每天寫三十分鐘。另外一半的人則花同樣的時間書寫有關時間管理的事……另外還有一個由二十二位男性組成的團體什麼都不寫，作為比較組（或控制組）。

就如我們其他的研究一樣，書寫有關他們想法與感受的男性，其書寫是極其開放而誠實的。他們的文章描述丟掉工作所感到的羞辱與憤怒，就像比較親密的主題一樣——婚姻問題、疾病與死亡、金錢，以及對未來的恐懼。

這個研究的影響力甚至連我們也感到驚訝。三個月內，實驗參與者中有百分之二十七的人找到工作，相形之下，書寫時間管理與完全沒有書寫的比較組，只有不到百分之五的人再度就業。在書寫幾個月時間之後，那些書寫想法與感受的人有百分之五十三的人有工作，而其他條件的兩組只有百分之十八的人有工作。這個研究特別突出之處是在於，全部三組的男性都經歷了同樣次數的工作面試。唯一的差異是，那些書寫過他們感受的男性得到了工作。

這個研究結果可能令潘尼貝克和他的學生感到訝異，可是我立刻就明白是怎麼回事。從我十一年從事人力招募行業的經驗中，我知道表達出對於前雇主的憤怒是人們面試失敗的主因。「你目前為什麼沒有工作？」是一個標準的面試問題。求職者必須提供一個正確但不含情緒的回答，他們也必須以一種不帶一絲仇恨的聲音來傳遞這個回答。深藏在這些男人內心的這種憤怒情緒需要有個出口，但是哪裡呢？他們無法對家人表達出他們充滿憤怒與恐懼的情緒，因為爹地的突然失業已經讓他們感到害怕。他們當然也無法對已經有工作保障的朋友、鄰居或高爾夫球伴表達這些奇怪又令人害怕的情緒。所以當一位面試官問：「你為什麼沒有工作？」非書寫者原來壓抑的憤怒就一湧而出，毀了面試。但是已經把他們的憤怒都發洩在紙上的書寫者，就能夠平靜地回答這個問題。

另一位科學家也揭露了奇妙的新訊息，能夠有助於我們理解我們在書寫時所發生的變化。這個人是美國知名神經科學家甘德絲・柏特（Candace Pert）博士。你可能在電影「我們懂個X？」（What the Bleep Do We Know?）或比爾・摩爾（Bill Moyer）在美國公共電視網的「療癒與心智」（Healing and the Mind）系列節目中見過她。柏特因發現我們身體的每個細胞都有胜肽（peptide）受體而著名，她將之稱為「情緒分子」（the molecules of emotion），而這些胜肽不斷在身體四處出現，溝通著運作我們全身系統的資訊。

她的研究清楚指出，我們不是一個有著獨立心智的身體，而是一個她稱為身心（bodymind）的聯合心身網絡（unified psychosomatic network）。在她的第一本書《情緒分子的奇幻世界》（*Molecules of Emotion*）中，柏特描述腦部的化學作用，支持並解釋了潘尼貝克有關壓抑不快經驗與感受造成的損害的研究發現：

腦部的唯一食物是葡萄糖，它由血液攜帶到腦部……血流是由情緒胜肽密切管理，它發出訊號讓血管壁上的受體去收縮或膨脹……如果我們的情緒因為否認、壓抑、創傷而堵塞，那麼血流就會慢慢地收緊，剝奪前額葉以及其他器官的重要養分。這會導致你思考不清楚並且警覺性變低，你的意識會受限，而你調解身心對話的能力以及做決定以改變生理或行為的能力也因此受限。如此一來，你可能就會卡住——無法以新的心態回應你周遭的世界，只能重複舊的行為模式與感受，它們是在回應一個過時的知識庫。

沒有表達出來的負面情緒，會讓我們卡在我們的舊有行為裡。「卡住」（stuck）一詞再也熟悉不過。如果有一卷我在離婚期間以及導致離婚的那些年的一場錄音讓我聽聽，我就會聽見自己不斷重複地說「我卡住了」或是「我覺得事情卡住了」。

那你呢？如果你的天使給你一卷關於你抱怨自己人生問題的錄音，你會不會聽見自己重複地說「我卡住了」？「卡住的困境」（stuckness）似乎是一種普遍的情況，也是我們都想要改變的情況。對於如何改變這個情況，柏特有好消息：

受體並非停滯的，它們可以同時改變感性以及它們與其他細胞膜內蛋白質的排列。這是說，即使我們在情緒上卡住了，在一個對我們不公的現實處境上動彈不得，總是還有一個改變與成長的生物化學潛能。

可是我們要如何真正改變？柏特的科學如何幫助我們改善我們的生活？她有答案：

透過學習把你的覺察帶到過去的經驗與訓練——儲存在你細胞受體內的記憶——之中，你就能讓自己從這些阻礙、這種「困境」中釋放出來。但是如果這些阻礙已經存在很久，你會需要幫助才能達成此種覺察。幫助可以有許多種不同形式，這些幫助方式包括心理諮商、催眠療法、接觸療法、個人成長研討會、冥想，以及祈禱。

把柏特與潘尼貝克兩人的研究放在一起來看，我認為我們絕對可以把書寫加入這個幫助清單。但是書寫如何釋放那些封鎖的記憶呢？

書寫創造新的神經通路

我向羅伯特與蜜雪兒．寇特（Robert & Michelle Colt）夫婦請教這個問題。寇特夫婦有一種以腦部為基礎的特殊指導活動。他們幫助企業總裁、專業運動員、演員與劇作家，在潛意識與意識欲望有直接牴觸的時候，使用他們天生的腦部功能去釋放潛意識心靈的拉力。換言之，他們傳授人們一種方法，關於如何在最終得到他們說他們想要的東西。寇特夫婦兩人既是通過授證的神經語言程式（Neuro-Linguistic Programming，簡稱ＮＬＰ）高級執行師和高級教練，同時也是通過授證的高級催眠師。

不過，就如羅伯特與我在二〇〇七年八月的一通電話對談中所說：「那只是語言學的部分；關鍵在於我們使用自己的腦部作為實驗對象，以發現腦部真正運作的方式。」他們與詹姆士・哈特（James Hardt）博士一起工作，他是一位物理學家、心理學家與心理生理學家，在神經反饋（neurofeedback）的腦波提升（brain-wave enhancement）方面已經有三十多年的研究與臨床執業經驗。在哈特的生物人工頭腦學研究機構，寇特夫婦不只學會腦部的運作方式，他們本人在這方面也有親身體驗。

「甘德絲是對的，」羅伯特對我說：「腦是可塑的。你有一生的能力去創造新的神經通路（neural pathway）。但是想要做到這點，你必須改變你的信念（belief）。」

「噢，」我說：「你是指改變你的想法（thought）？」

「不是，」他說（這也令我感到訝異）：「想法是沒有力量的。它們是中性的。有力量的是你在想法中的信念。那都在情緒中。把情緒想像為行動的能量。但是你得記住，腦部雖然有能力改變，但最先是用來適應生存的。當你有負面、引發恐懼的經驗時——而且我們都讓它們發展——腦部就創造神經通路。而隨著時間流逝，你就被鎖進那些重複的經驗模式裡，因為你停止尋找了，或是甚至不再覺察到任何差異。新事物可能就在外面某處——絕對在——但是你的腦部專注在吸引與重複它已經知道的經驗。而且隨著每一次重複的經驗加強你的負面情緒，那些神經通路就刻畫得更加深入，直到它們不再是通路，而變得比較像是神經公路。那就是我們經驗到的習慣，而就如我們所知的，習慣是難以打破的。」

「那麼書寫能夠幫助你打破它們嗎？」我問。

蜜雪兒接話了：「絕對是這樣。當你書寫時，你同時使用幾種感官功能：視覺——你看見紙面的內容，你也見到你正在書寫關於你想到的事件；聽覺——你聽見自己在腦海裡對自己說話，並且你確實能夠透過大聲說話而放大；以及動覺——你感覺到筆、紙、以及書寫的整個身體經驗。光是如此——使用所有三種感官功能——就讓書寫的力量變得非常非常強大。」

「但是當你書寫時腦部究竟有什麼變化？」我問。

羅伯特解釋：「首先，你必須知道，腦波有四種類型。貝塔波（beta）是最快的一種，與壓力、工作以及專心有關。當我們被鬧鐘叫醒且立刻開始專注於我們必須要做的事情時，我們就立刻從最慢的睡眠狀態的腦波一躍進入高速的貝塔波。阿爾發波（alpha）比貝塔波慢一點，它與創造力、沉靜，以及洞察力有關。當我們進行愉快的、幾乎不費力的工作時，就是處於阿爾發波狀態。你應該聽過人們提到自己置身於「忘我境界」（in the zone），那就是深層的阿爾發波。瑟塔波（theta）比阿爾發波慢，當我們自然甦醒時，就都經歷了瑟塔波。在那些半夢半醒的瑟塔波時刻，我們清楚記得自己的夢境內容，並且也能擁有真正的原創想法與突破。每個人幾乎都有過這種經驗：剛醒來的當下，就想到對某個問題的解決辦法。那就是瑟塔波。在冥想中的人，其腦部掃描顯示，他們很快就進入一層比一層深的瑟塔波，並且在他們冥想期間都是處在瑟塔波狀態。最慢的一種腦波是得爾塔波（delta）。當我們處在深層睡眠狀態時，經歷的是得爾塔波。」

「當某人書寫時，他們經歷的是哪一種腦波？」我問。

「當你一開始書寫時，你或許是在貝塔波狀態，尤其如果你是在書寫一件充滿壓力的事件或創傷，如潘尼貝克博士的研究對象那樣，」羅伯特解釋：「但是很快地，你將進入某種中度到深度的阿爾發波，最後則進入瑟塔波。任何緊湊的創造時刻都是一種瑟塔波的湧流，而當你與神聖心靈進行深層的對話時，你就是在經歷神秘的瑟塔波湧流。」

「哇，」我叫了出來：「**神秘的**瑟塔波！聽起來很棒！你怎麼知道自己正處在神秘的瑟塔波？」

羅伯特的回答很正確，但是無法令人滿足：「你就是知道。」

他是對的。你就是知道。我有過這個經驗——而且你也會有——看到紙上書寫的文字，但是你知道那並不是出自你的想法。它從你的手裡寫出來，或許甚至也是從你的心裡出來，但它並非來自於你的所知、你的信念、你的欲望、你目前的意識狀態。它來自於別處，某個深處。最終，當你經常書寫到你已經可以定期有這樣的體驗時，你將會發現，你不再是個在書寫的寫作者，是有人在幫你移動這枝筆。我知道這聽起來有點荒唐，甚至也許有點令人害怕，但是當它出現的時候，一點也不令人害怕。它是很愉悅的。當你明瞭你真的接通這個聲音時，你將充滿喜悅地歡呼。

「那麼當你書寫時，」我問：「你是真的改變你的腦部嗎？」

「是的，」蜜雪兒說：「其中一項美好的事就是，書寫讓你打開自我，迎接新學習、新的神經可塑性。你的腦部的確有學習能力，而當你書寫時，你創造出新的神經通路。你真的是在移動你的腦部。你正在打破舊的神經習慣並且創造出新的習慣。一開始它或許很難，可是它會慢慢隨時間而變得比較容易。」

現在我想要知道一件事。「什麼時候才會變得比較容易？」我問。

「創造一個新的神經通路需要三十天的時間，」蜜雪兒說。「當你書寫時，連續書寫三十天的時間。如果期間你無法連續，你就必須從頭開始。我們從神經 SPECT（一種繁複的生理反饋設備）的掃描得知，如果你不持續，新通路將會消失，所以你必須重新再回到起點。」

「等一下，」我說：「那就是為什麼人們可以參加一個很棒的工作坊，或是有某種靈性頓悟，或是讀一本書並且宣告這書改變了他們的人生，然後砰地一聲，幾個月之後你見到他們，發現一切還是老樣子——甚至更糟？他們有同樣的問題、同樣的恐懼、同樣不快樂的關係。那是因為舊的神經通路取得勝利的緣故嗎？」

「沒錯，」蜜雪兒說：「你在你的世界裡所見是一場電影，是內在運作的一種外在反映。當你創造出由新的情緒所支持的新想法與新信念，並且不斷地重複它們以創造出新的神經通路時，你得到的是一部新的而且更好的電影。我們在這一行裡每天都見到這個情況。人們願意踏出他們的舒適圈，走進本源能量（source energy），並且使用它來創造出新的信念，劇烈地改變他們的生活。」

本源能量——我想知道這是不是一個「神聖意識」或我稱為「聲音」的科學術語。

「那都是能量，」羅伯特說：「把它稱為無限的智力，或神，或是任何你想用的稱呼。它是本源能量——這個最有力量且最聰明的模式，透過你或我而表達出來。你是能量，我也是能量。所以我們永遠都連結到本源能量。」

但是羅伯特的回答還是引出一些問題：你如何連結到本源能量？你如何創造那些新的信念？你如何產生那些新的神經通路？

書寫帶我們走向解決之道

當你的人生不如意而你感到受挫、害怕、寂寞，並且擔憂時，只告訴你自己要往好的方面想或是去感受正面一點的情緒，是行不通的。我們都試過像是偽裝「正面思考」的情況，我們也都經歷到那有多行不通。然而我知道書寫包含這一點，而且不只如此。我知道**書寫能讓你與本源能量連結在一起**，幫助你創造新的信念，並且讓你移向那些新的神經通路。從書寫為我帶來人生的劇烈改變，以及從其他靈魂寫作者的生活中，我得知這一點。

但是我想要知道它是**如何運作**的，如此我就可以把這個過程拆解成容易遵循的實際步驟，並且把它們傳遞給你。所以我又拿起講述書寫力量的《敞開：表達情緒的療癒力量》這本我喜歡的書來看，以尋求某些具有啟發的答案。

在見到表達式書寫的巨大好處之後，潘尼貝克想知道是否所有的自我表達形式都會產生同樣的正面結果。他測試了其他兩種表達形式，唱歌與畫畫，並且發現它們並沒有產生可測量得到的影響。接著他試了物理運動。他和一位也有舞蹈治療師身分的博士學生一起研究，他發展出一份研究來測試運動的結果。

他們把六十四位學生分為三組。第一組人藉由自由舞蹈方式來表達創傷經驗，連續三天每天十分鐘。第二組人也是用舞蹈方式來跳出他們的創傷，但是——這點很重要——他們也還要額外書寫十分鐘。第三組是用來作為比較或控制組，只是遵循平常活動，並不書寫也不用行動表達任何創傷。一如預期，控制組沒有展現出任何的益處。兩組舞蹈者都提到他們享受這個表達式的行動機會，但是「只有同時書寫並運動的團體，在身體健康與學業成績上才都有改善的證據」。潘尼貝克的結論是：「只是純粹表達一個創傷是不夠的。健康的獲得似乎需要把經驗轉換成語言。」

你必須使用語言——那是一個相當驚人的結論。但是什麼語言呢？任何文字都行嗎？某些文字是否會產生最有益的效果？是否某種特定的書寫方式更為有效？要回答這些問題，瑪莎．法蘭西斯（Martha Francis），與潘尼貝克一起工作的德州大學研究生，發展出語言調查與文字計數（LIWC）的軟體程式，可以對書寫樣本中出現的某種用語的頻率進行評價。他們使用這個軟體來運算潘尼貝克先前研究收集來的書寫樣本。

結果很清楚。有三種文字類型重複出現在從書寫中得到最大幫助的研究對象的書寫樣本裡。首先，研究對象使用正面情緒語彙，比如**愛**、**快樂**，或**良好**。其次，他們也使用負面的情緒語彙如**憤怒**、**受傷**、或**醜陋**，但是他們是節制的使用。這兩點研究發現都很有意思，而且也支持寇特夫婦與柜特所說的清楚表達的情緒力量。

但是最大的驚喜是第三種研究結果：展現出偶然思考、洞察力以及反省的書寫者，透過文字如**理解**、**明白**、或**知道**來表達的書寫者，從書寫中得到最大的益處。研究者還注意到別的現象。這些人使用情緒與反省的文字不只經驗到最大益處，他們的書寫內容也隨時間而改變，從不連貫的敘述變為有開頭、中間、以及結尾的有條理的故事。潘尼貝克做出總結：「**書寫帶我們走向一個解決之道。**」

潘尼貝克也發現蜜雪兒．寇特所稱的新神經通路的證據。他為志願者裝上腦波測量儀器，請他們書寫一分鐘的創傷經驗，然後停下來，再書寫一分鐘有關他們對當天的計畫。他們來來回回，先是表達式的書寫，然後書寫日常事務。儀器顯示，與書寫他們的日常事務相比，當他們書寫創傷經驗時，左腦與右腦的腦波活動是比較高度相關。潘尼貝克認為告白式的書寫引起「腦波一致」（brain-wave congruence）。這種一致性為何重要？因為，如他所解釋：「我們的意識思維是高度取決於左腦提供的語言能力。腦部控制負面情緒的部分傾向於局限在腦的右半部。」意思就是說，書寫和語言把在你左腦的故事和把你關在你的舊神經通路裡的右腦的負面情緒連結起來。當你書寫時，這兩個部分就開始聚合。

羅伯特．寇特幫助我理解為什麼這種聚合是好事。「左腦和右腦是由胼胝體（corpus callosum）所連接，」他解釋：「當你越深入書寫，進入一種冥想狀態，左右半腦開始協調進入全腦運作，然後你就經歷瑟塔波，甚至可能經歷神秘的瑟塔波。」

我現在明白，神秘的瑟塔波介於兩邊的入口，意識心和宇宙心之間、自我能量和本源能量之間、舊神經通路和新神經通路之間、現在的人生和可能的人生之間的入口。當我們進入那個神秘的入口時，我們走進了一個新天地，一個我們未曾去過的地方。在那裡，我們可以駕馭我們的腦波從舊思維到新思維，從負面情緒到正面情緒，從困惑到解決。當我們的文字集中在紙上，我們能見到並聽到這個聲音，並且當我們遵循它所傳達的指引時，我們的世界，或如蜜雪兒．寇特所稱的「電影」，就能因此改變。

我感謝那些科學與科學家讓我們看到當我們書寫時所產生的變化。但是只是知道科學知識並無法改變你的人生，要使用才會。而那就是這本書下一章所要談的內容，也就是**方法**：如何述說你的故事、如何啟動這個聲音、如何吸引並認出指引、如何分辨這個聲音與其他噪音的不同、如何與你內在的批評家一起工作，以及如何知道你的書寫正在開始運作。

第六章

靈魂寫作的第一個步驟：現身

我們聽到某個特別訊息——無論是完美的烤雞終極食譜、模特兒健美大腿的秘訣，或是內行人的投資策略——的時候，都會吵著要知道一件事：方法。我們這些平凡、軟弱而且不太有錢的人，要如何才能揭開這個獨家內幕？

所以獨家內幕就在這裡，而且它適用於你。因為人人都有管道可以直接而立即地接近這個聲音。每一個人。你只是得知道方法是什麼。

靈魂寫作有四個步驟，而且幸運的是，要記住並不難：

1. 現身（Showing up）
2. 敞開（Open up）
3. 聆聽（Listen up）
4. 貫徹（Follow up）

每個步驟都以「向上」（up）作為結束，只是語言的巧合。或許也不是巧合。也許這個精神抖擻的小介系詞所暗示的方向是個完美的隱喻。從小開始，當我們身邊的大人談到關於神的事情時，他們不免會把眼睛往上抬。而且當他們提到神聖時，就用一隻手指著「在上面那裡」。即使是身材壯碩的人，當他們拿「大個子」開玩笑時，也是把手指向天花板。

我相信這個習慣是從遠古以前開始，就在我們的初代祖先努力要理解無法理解的現象的時候。你明白嗎？他們躺在地上，看著夜空，為眼前數不清的光點感到驚奇，於是得出了結論，認為在上面那裡，非常上面的地方，一定就是神秘力量的所在地。就從那時起，天堂及其子民就是「在上面」。

儘管幾乎每一個靈修傳統的聖者都教導神性是內在的、天國就在不遠處，我們的語言仍然堅持神性就在上面、天堂也在上面的古老思想。因此，雖然你即將去到的地方是內在極深之處，語言上仍是使用向上。**寫下**的方式是**向上**，**進入**你最深處的知識也是**向上**，**離開**你目前處境的方式也是**向上**。

在這四個步驟中，「現身」聽起來像是一個不證自明的步驟——比較像是蠢話，而非指導。但它一點都不蠢。對許多人來說，這是最難也最勇敢的一步，因為它是邁向未知的第一步。

「現身」代表打開內在領域之門發出的第一個聲響。這個步驟似乎不證自明，但如果你不現身以進行對話，對話就不會發生。那個聲音一直是準備好的，一直都在。問題是，你是不是準備好要開始對話了呢？

你究竟要如何現身呢？

安排一個時間與地點

安排一個時間與地點，聽起來是如此的簡單、直接了當、切合實際，可是它一點都不簡單。

我們的瘋狂生活已經有過多的負荷，工作、家庭、人際關係、子女、金錢、學校、車子、購物、煮飯、打掃、睡覺。我們已經沒有足夠的時間去照料所有這些責任，所以你要如何在一天當中擠出十五分鐘呢？

答案就是：你決定什麼是重要的，什麼可以等十五分鐘。你決定你是不是想要和這個聲音說話。你決定你是不是需要或想要這個指引。

這是你的選擇——至少現階段如此。可是如果你像我一樣，決定別的事情比較重要，**宇宙就會為你決定**。而且宇宙如果要引起你的注意，它就會引起你的注意。有時候引你注意的手段是以一些形式出現，比如：你被革職、生病、離婚、被拋棄、被拒絕、破產，或是被車撞。

這些事情發生的當下，要維持感謝的心情是相當困難的。只有當你撐過這個宇宙的當頭棒喝，並且了解這是一個祝福之後，你才說得出：「嘿，如果這件壞事沒有發生，我就絕對不會想到要祈禱，如果我從未祈禱，就不會請求聲音的幫助。如果我從未請求幫助，我就不會處在今天這個位置。」

所以我問你：現在或是以後？你想要現在就和這個聲音對話，在事情變得真正糟透以前，或是你想要等一等？

坐下來

一旦你安排好時間與地點，請就你選好的時間，在椅子上坐下來。

現身最困難的部分就是坐下來。似乎你一旦宣告自己打算進行靈修的當下，這個世界與所有的人就開始提供你另一些新鮮而且有時還相當新奇的事，要你去做。電話響了。你的電腦嗶嗶叫。手機響了。傳真機訊息進來了。另一半對你吼叫。洗衣機在整個洗衣間內搖晃移動。孩子們爭吵。你想到晚餐還沒解凍呢。電燈燈泡突然熄了。你發現一張畫歪掉了。你得去上廁所。你肚子痛。你突然覺得口渴、疲勞、或是焦慮。事情不斷，讓你無法坐下來。

你會發現，這個世界盡一切所能不讓你和聲音說話，這是完全正常的事。某個層次上，你自己知道，你的腦子知道，你的親人也知道，一旦你開始和聲音說話，事情就要改變。你自己、你的腦子和你的親人並不真的認為改變是個好主意，因為沒有人知道事情將會如何發展。而所有的考量都因為這個未知而讓人整個不舒服。

認清這些阻礙的真面目：是你的小靈魂受到驚嚇，努力不讓「上靈」整頓局面。沒錯，是你在製造混亂。也許不在意識層面，而是在另一個層面，你允許出現的，正是你說你不想要發生的事情。

當你發現你不斷地受到打擾，或是被迫中斷自己的行動，在紙上寫下你的問題，並請求聲音幫你理解是怎麼一回事，以及你能夠做些什麼，以創造出你想要的正面、專注與安靜的寫作時間。這些問題將形成絕佳的初期寫作材料。

以我的狀況來說，我寫作的時候是不接電話的。我下定決心，每天的這一小段時間，是只給我和聲音的，其他人事物都得等。你猜怎麼著？一旦我清楚這道界線，這個世界就不再試圖破壞它。

蘿莉達想出了一個絕妙的解決之道，來處理與子女有關的不可免的干擾。每天晚上，她對九歲的女兒說：「媽咪需要獨處一小段時間，十分鐘就好。」然後她就把女兒安置在臥房外，給她一堆玩具與書本。而每天晚上她女兒都會找個藉口進房間，打斷她的獨處時間。

有天晚上，蘿莉達沒有要求女兒讓她獨處，而是拍拍身邊的床，對女兒說：「親愛的，妳要不要乾脆來這裡，在我旁邊寫寫字？」她從日記本上撕下幾張紙，然後說：「寫封信給神，寶貝。神想要有妳的消息。」她的女兒低下頭來，開始認真塗鴉。蘿莉達因此得以書寫二十多分鐘。書寫時間就變成母女倆一天當中最甜密的時光。

有天晚上蘿莉達的女兒拿了一張自己畫的圖給她看，並說：「這是爹地喝酒的時候，我很討厭。我是畫給神看的，萬一神還不知道的話。」那一瞬間，蘿莉達想：「糟糕，或許叫她一起寫這個主意不是很好。」但是接著她就明白，她自己的書寫對她在處理同樣問題時，幫助有多麼大，所以她就笑著對女兒說：「這張圖畫很可愛，甜心。我相信神很喜歡。」

靈魂寫作練習

親愛的聲音，

這是怎麼回事？是誰在干擾我？

為什麼這些事會在我正要開始寫的時候發生？

在面對這些令人分心的事情時，我的立場是什麼？

我又是如何允許這些事情發生的呢？

我能做什麼（或我該選擇做什麼）來保護我的寫作時間？

在你挑選的時間與地點，連續書寫三十天

你有潛力與這個聲音溝通，並經歷那些神秘的瑟塔波之流。可是光有行動的欲望還不夠；你需要許下承諾，為你的靈性練習現身。正如你定期運動讓你的身體變得越來越好看及越有力一樣，在你建造出靈性力量之後，你的心靈也會變得更加明亮，並且感到更為堅強。

所以第一天坐下來，第二天也是，如此重複完整的三十天。這種靈性養生法一開始可能讓你覺得很怪或是不自在，但是就像一個新的健身習慣一樣，經過一段時日就會變得比較容易，而且你對於自己實行的能力以及把它做好的信心也會增長。

在每個靈魂寫作工作坊裡，學員都會問我，他們是否真的必須連續書寫三十天。不久前的準則是，要去除一項習慣或創造新的習慣，要花二十一天的時間。那是多數表演諮商師與靈修導師的看法，所以那也是我的看法。我過去也一直認為，如果你無法每天書寫，至少七天內要寫個五天。

當然，我在自己的創傷期間每天都書寫，但是我不確定別人是否能做到這種承諾，而且我也不想用一種看似獨斷的規則把人嚇跑，讓他們失去這種深層練習的機會。但是，每當學員在二十一天結束之後會面時，總是有些人已經發展出一個有效的靈修活

動，而其他人則沒有。這樣的模式讓我很受挫。我無法理解，為何三週的時間對某些人來說很長，對另一些人來說卻完全不夠，尤其是那些沒有天天書寫的人。

當我聽到寇特夫婦解釋我們在書寫時，腦部的實際活動情形，我才明白為什麼我必須堅持「連續書寫三十天」的建議。那些新的神經通路不會自己開啟；它必須靠當事人真實努力一段時間，才能打開它們，並讓它們維持開啟狀態。

所以，請在你的行事曆上標出三十天，然後每天書寫，即使有幾天你的書寫很簡略。書寫幾分鐘比完全沒寫來得好。

在同時段書寫

剛開始書寫的人會問我，他們是否真的必須在**每天同一時段**書寫。對於這個問題，我回答時都很掙扎。

我很想回答，他們能夠書寫的時候就寫，但是經驗告訴我，人如果不創造一個模式，他們的書寫就無法持續。而且人若不持續書寫，就難以開啟那道智慧之門，也難以讓它保持開啟狀態，當他們們真的書寫時，也無法確定自己聽見的是這個聲音還是他們自己的說話。結果就是，他們的改變會有限而且零星。

開始書寫前的準備動作

當你在自己擬定的書寫時段現身在你的書寫空間時，你的膝上有一本日記本，手上有枝筆，準備開始你生命中最深刻的對話。

你可以做些什麼讓一切就緒？

◆做幾次深呼吸

做一個清理的深呼吸。當你吸氣時，觀想所有在你體內的髒污都從你的細胞流出去並進入你的中心。把氣留住幾秒鐘，讓你的肺充滿實際上和隱喻上你想要釋放的一切事物。然後慢慢吐氣三到四次。當你吐氣時，觀想所有細胞內的垃圾——身體的、心理的、靈性的、情緒的垃圾——都脫離你的身體。請做兩次到三次這樣的呼吸。這種從容的呼吸法會降低你的心跳速度，讓你的肺部充滿氧氣，而且幫助你專注在當下。

似乎所有靈修與養生的活動如瑜珈之類，都是從清理的深呼吸開始，即吸氣後在吐氣前把氣留住一下。當牧師建議我在冥想前做幾次深呼吸或是我的皮拉提斯教練要我們深呼吸並數息八次的時候，我未曾多想，我只是遵照指導。可是接著我就從詹姆士・哈特的《聰明思考的藝術》（*The Art of Smart Thinking*）中讀到呼吸的重要性。

大量的血液讓腦部充氧，是腦部得以創造出阿爾發波的關鍵……當你把供應身體的新鮮氧氣關住（透過閉氣方式），血液內的二氧化碳就會開始增加。此時身體的自動反應就是去擴張提供腦部血液的頸動脈，這個方式能夠允許更多的血液流到腦部。如果規律練習這個方式，頸動脈就會永久擴張，而你的腦部就持續得到更多的氧氣。我們知道，讓腦部充滿氧氣是製造阿爾發波的必要條件。

自從閱讀了哈特的書之後，我對於呼吸的清理力量有更新的領會，當我坐下來書寫時，也會深呼吸。

◆設定你的意念

意念是個關鍵，它啟動萬物。書寫前，做一個簡短的禱告或祈福，把你的意念設定在「要接近這個聲音」，並提醒自己，你正在與神聖存有溝通。舉起你用來書寫的手，並說類似以下的話語：

我在這裡。握著我的手。我已準備就緒，我願意、也值得在此時此地與你說話。先謝謝你，為了你的言語、你的智慧、你的引導，以及你的恩寵。謝謝。

這段祈福是否有哪個部分讓你覺得結巴呢？如果有的話，我猜一定是「值得」一詞。我們許多人成長的宗教傳統或家庭體系並未告訴我們，我們是值得一切的，更別提神聖所賜的完整、無條件的愛了。

如果你發現那個詞讓你不自在，你還是要說出來。清楚地說出來，因為它很難說出口。它就是真理。你當然最值得與神聖建立關係並聽見上靈的指引，而且即使沒有其他人認識它，我認識它。所以把它說出來。

如果你想要讓這個小小祈禱的力量增加到最大，就大聲唸出來。如果你覺得這個舉動很蠢，那麼就靜靜坐一會兒，並想像能量源頭一道純淨的光灑向你的頭頂及雙手。有些人觀想白色的光，有人則是藍色的光，有人是金色的光，有人是粉紅色的光。挑一個顏色，或是自己體驗一下看什麼顏色浮上你的心頭。

說出你意念設定的祈福的另一個方法，就是觀想宇宙智慧進入你的第三眼。你的第三眼就在你前額的中央，就在你額葉皮層前。額葉皮層，如我們所見，它製造語言、選擇行為，並處理情緒——這是靈魂寫作的三種整合要素。你的第三眼是介於你和無限的知之間的導管。提醒你自己，透過書寫，你正在學習以一種嶄新而且深入的方式去「看見」，用你書寫的那隻手去觸摸你的第三眼，知道你正在創造一種介於你的手和宇宙智慧間的連結。

無論你是說一個祈福、觀想純淨之光的流動、觸摸你的第三眼，或是發明一種把這種種結合起來的新方法，你都是正在意識層面上敲響那道宇宙之門，並且以某種方式說：「我在這裡。我已準備就緒。請來和我交談。」

「我在這裡。」對摩西來說，這句話足以是個祈禱。他見到一叢荊棘著火，並且在想為何它沒有燒成灰燼，所以他靠近一點去看。

耶和華見摩西要過去看，就從荊棘裡呼叫說：「摩西，摩西！」他說：「我在這裡。」（出埃及記 3:4）

當我第一次聽到《祈禱的療癒之道》（*The Healing Path of Prayer*）一書的作者榮恩．羅思（**Ron Roth**）博士講道時，他有一句相當簡潔的祈禱令我深受感動：「來吧，聖靈，來吧。」

當榮恩呼求聖靈進入一個地方時，你感覺到靈動。如果你喜歡榮恩禱詞的簡潔與力量，就使用它，或是可以簡化為：「來吧，上靈，來吧。」、「來吧，聲音，來吧。」或者就只是：「來吧。」如果你想要擴大你的祈禱力量，就結合榮恩的呼求與摩西的回答：「來吧。我在這裡。」

◆簡短地閱讀

在我的黑暗時期，我的生命是如此的混亂、問題是如此的巨大，而我的心思是如此的散漫，以至於我一開始往往不知如何書寫。我發現讀點東西有助於我專心。在白天的簡短閱讀往往適合我的心境，也有助於我突破自己眼前困境的表層，挖掘出較深的底層問題或疑問。我提供自己的閱讀儀式給你，並不是要你當作公式去複製，而是作為一個舉例，說明閱讀能如何支持並啟發你的靈魂寫作。

我開始在白天閱讀月刊《每日一句》（*Daily Word*）裡的短篇。《每日一句》的讀者有數百萬人，它的文筆溫和、正面、無宗派色彩，每一頁下方是一句聖經經文，是每日文摘的啟示。有時我會在自己那本老舊的《新耶路撒冷聖經》（*Nwe Jerusalem Bible*）裡查查月刊摘引的經文。如果經文是出自新約聖經，我也會查查《五福音書：耶穌究竟說了什麼話？》（*The Five Gospels: What Did Jesus Really Say?*），這本書是一群不同領域學者六年研究成果的集結，他們定期見面，分享自己的專業知識並辯論今日福音書版本中可能屬於歷史的耶穌真正說過的話。

我在閱讀經文後，會再讀一點非宗教的讀物。這些年來，我從許多書籍裡學到種種知識，但是帶著我熬過我受傷最深時刻的一本書，是布瑞斯納的《靜觀潮落》。如這本書的副標所言，這是一本「安慰與喜樂的日記簿」（Daybook of Comfort and Joy）。安慰與喜樂是我當時缺乏並且非常渴望擁有的兩件東西，所以這本書很適合我。有好多次，我都在每日篇幅中發現我需要聽見的言語。

我在閱讀的時候，經常會受某一個想法吸引。聽到自己腦海裡浮現一道問題後，我就會把書放下，拿起日記本開始書寫。

如果你想要為自己的靈修添加一段簡短的閱讀時間，可以挑選你喜愛的宗教經典，放在你書寫位置旁。選擇你喜愛的作品，或是如果你有探索的欲望，找一點新的讀物，不要把自己局限在傳統的宗教經典上。你可以閱讀任何的靈修讀物，或是就閱讀而言吸引你的非宗教讀物。閱讀只是讓你接近宇宙智慧的另一種方式。實驗一下，直到你發現對你有用的讀物為止。

你在書寫前的閱讀可以持續五分鐘左右。如果你很享受所讀的內容，而且從中受益許多，時間可以延長一點。只是不要忘記書寫。閱讀是為了要啟發你的書寫，而不是要取代書寫。

◆記錄日期

打開你的日記本，並且在新的一頁上方寫下日期。這個指導也許聽起來很蠢；畢竟，聲音知道當天日期。但是我推薦你寫日期，因為如果你書寫多年，多數開始書寫活動的人的確也是如此，在某個時候你可能想要修改你的日記。也許你想要記住一個故事，追蹤你人生中的某些改變，查閱你已經遺忘的某個細節，或是提醒自己你接收到的某種智慧。或許你只是想要看看某一頁聲音告訴你的內容。無論理由為何，沒有日期你將很難找得到。

如今我撰寫有關書寫的靈性力量，我在日記中所記載的日期，讓我得以和你分享那份力量在真實世界的例子。當然，你不是一定要書寫日期，但是對我而言，那是儀式的一部分。

◆使用一個稱謂

從「親愛的」起頭，如「親愛的聲音」、「親愛的上靈」、「親愛的獨一」、「親愛的本源」、「親愛的朋友」……等等。

你可以自己選擇名字，但是一定要使用**親愛的**這個甜美的詞，因為你是在書寫一封信。我們今日已經很少用筆書寫，但是當我們寫的時候，我們總是以「親愛的＿＿＿＿」起頭，而且那也是開始一場親密書寫對話的最好方式。

我想，你也可以說「你好」，但是這個方式似乎太普通，而且這個稱謂並不適合當一場深層對話的起頭。直接與宇宙的智慧談話，值得你使用一個特別的稱謂。

創造並運用你自己的書寫儀式

我分享過自己如何現身與上靈溝通。這個儀式對我很有效，但它絕對不是建立一個書寫習慣的唯一方式。正如你得決定自己要如何稱呼這個聲音一樣，你也得決定你想要在何時、何處以及如何書寫。

在參加一個靈魂寫作工作坊一年之後，希維亞這位教師、妻子以及有四位兒女的母親，與我談到她自己創立的書寫儀式：

我每天早晨五點起床，然後書寫十分鐘。我用一杯水讓自己立刻進入研習狀態，同時點一根蠟燭。

我書寫前並不閱讀。我書寫之後才讀。我閱讀《奇蹟課程》（*A Course in Miracles*）學員手冊後面課程的幾句話。我的書寫與我所讀到的文字似乎總是有某種關連。往往，這個閱讀似乎就像是對我書寫內容的一種回應。

一開始，我先生會不斷地走進來並且說：「你在做什麼？」儘管他以甜美、略帶戲謔的語氣，但是對我來說，那還是一種干擾。最後，我終於告訴他：「親愛的，我真的需要給自己這一段時間。」後來他就不再打擾我了。如今我有這個受到保護、屬於我自己的珍貴書寫時間，我也就幾乎每天書寫。

◆使用你所有的感官

當我聽到蜜雪兒．寇特說，書寫是有影響力的，因為它使用三種感官——視覺、聽覺與觸覺時，我感到很興奮。但是在我和友人希維亞談過之後，我才明白，她藉著使用蠟燭與水，把嗅覺與味覺這最後兩種感官也結合到深層的靈魂寫作中。一項靈修活動使用了我們全部五種感覺器官！

自從與希維亞會面以來，我也開始使用香氛蠟燭，並且在自己身旁放一杯水。但是我在書寫過程中不喝水。我全神貫注並且書寫速度飛快，以至於我不想破壞自己的專注力來暫停並喝水。

我使用這杯水的替代方式，是我在二〇〇六年一場拿瓦荷（Navajo）儀式中向一位盲巫醫學來的。在一場清除個人阻塞能量的冗長儀式之後，有人拿一杯水給我。巫醫告訴我，在拿瓦荷儀式中，所有引向你的神聖能量與恩寵都盛放在這杯水裡。他指導我，喝這杯水的時候要一心一意、緩慢並且完全，並觀想水中的療癒能量進入我的身體，舒緩每個細胞。

謝謝日本研究者江本勝（Masaru Emoto）的劃時代實驗，我們已有科學證據，水的結構可以透過我們的思想與言語而得到轉化。在《生命的答案，水知道》（*The Hidden Messages in Water*）的驚人攝影照片中，江本勝讓我們看見，受到祝福與讚美的水轉化為美麗如雪花狀的細胞結構，而被詛咒或被暴露在刺耳言語或音樂的水，則扭曲變形為不對稱、醜陋的形狀。我想，我的水杯離我的靈魂日記本約一英呎遠，是直接曝露在我與聲音對話的能量中，所以它一定是真正美麗的水。

我在書寫完畢後，會緩慢且有意識地喝一杯水。我在喝這杯受賜福的水時，也吞下每天服用的維他命；我看著每一顆維他命，並且大聲說出自己在書寫時所習得的內容。我很有信心，以這個方式喝水並服用維他命，可以鞏固並強化我的書寫經驗。

湯姆・尼可立（Tom Nicoli）這位國際授證、拿過多重獎章、美國國家催眠師公會的理事，他告訴我：「除非寫出來，否則就不是真的。一個想法只是讓想法變成實相這個過程的開端。透過寫下我們的想法，我們能讓想法變得比較具體，並且容納物質及可見的要素，讓想法變得更為強大而且可達成。」

所以，請為你的書寫練習在下頁這張紙上記下你的靈魂選擇。不要跳過現身階段中的這個部分！填寫你的答案，並讓你的書寫儀式成真。

靈魂寫作練習
我的書寫地點：
我的書寫時間：
我的意念聲明（例如祈禱或祈福）：
我在書寫前的讀物：
我選的稱謂：
我的書寫開場儀式：

第七章　靈魂寫作的第二個步驟：敞開

你正坐在你書寫的位置。你已經做了一次深呼吸、設定了你的意念、或許還做了簡短的閱讀，現在是書寫的時刻了。許多人發現，當他們在稱謂之後加上一個逗點，文字就湧現出來要被聽見。

伊莉莎白是一位前衛派藝術家，她想要嘗試靈魂寫作，但是她那時正在準備一場藝術展開幕，無法出席工作坊。所以我就給她世上最短的課程，有關靈魂寫作的方法：「直接稱呼聲音，飛快書寫，提出許多的問題，並且不管出現什麼都把它寫下來。」兩週之後，她打電話來說，她很驚訝於筆下湧現出意想不到的想法——她不知道自己內心擁有那些想法。如伊莉莎白和所有靈魂寫作者所發現，有某種關於直接且有意識地與聲音講話的東西，讓他們的心思得以自由打開，並釋放所有儲存於內在的想法。

而那，就是這個步驟的關鍵：**敞開**你的心與頭腦——全部——並且把想要說的都說出來。

看看前面提到的梅式圈的前半部，它描繪的是你和這個聲音之間的溝通公路。前半部說：「我書寫。聲音傾聽。」換言之，你先寫。這個聲音會說話，但是在那之前，你必須先說你的故事。

但是你說的方式不同於你對密友、配偶或情人的方式，也不同於你說給一位心靈導師或治療師的方式。當我們和人交談時，總是有一種評判的成分，無論我們自己承不承

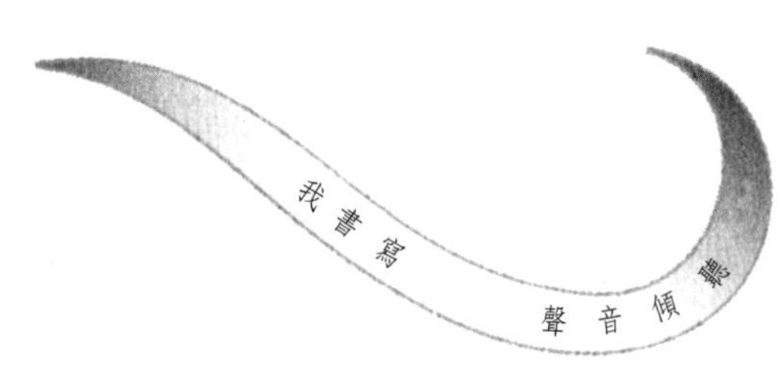

聲音與你的溝通公路圖

認。我們想要建立關係、想要被聽見，對方卻很難不把他們的情感、經驗與傷口帶進和我們的對話當中。在《療癒的書寫》（*Writing to Heal*）一書中，潘尼貝克捕捉到這個問題：

> 和某人談論關於一個創傷，遠比把它書寫出來還要複雜。必須要到無論你說什麼對方都能接納、而且你也能夠完全誠實地揭露自己的程度，談話才有可能比書寫還有效。但是這裡有個困難。如果你傾訴的對象對你以及你要說的話並沒有贊同的反應，那麼對你來說，談話其實比什麼都不傾訴還要糟糕許多。

我們都有過這種痛苦的經驗。它時常發生在一段關係的初期，當一切都還感覺很好、很新鮮也很安全的時候，你開了口，想著你終於找到某個人願意擁抱全部的你，可是當你說完之後，你期望出現的反應卻不在那裡。沒有了解的微笑、熱誠的點頭、溫暖的擁抱，對方反而是一臉怪異地看著你，也許會說你錯了，也許會開始告訴你如何解決你的難題，或者最糟的就是一句話也不說。不管你的聽眾有沒有反應，你清楚收到的訊息就是你已經越線了，如果你想要挽救這段關係，你現在得做點認真的改變。

一旦嘗過開誠布公溝通的痛苦後果，在踏入下一段關係時，你就會小心翼翼，保留你的深層感受與秘密，直到你肯定把它們說出來是安全的為止。到了那時，你充滿警戒地緩慢前進，因為你已經學到最好的方式就是透露一點點真實的自己，在你打算揭露一點內心的深淵之前，要先看看對方的反應。然而深淵就在那裡，困惑在那裡，痛苦也在那裡，你周圍卻很少有人能夠完全接受你真實的、複雜的、情緒化的那一面。

為什麼呢？我們為何對於完全開放、誠實的溝通感到如此不自在？因為社會對於關係與溝通有種種的規範，而我們都是在這樣的環境下長大，很快學會了可被接受與不被接受的行為。

在幾次嚴厲的懲戒後，我們學到，我們不能沿街蹦蹦跳跳然後突然冒出一句「她很胖！」或是「他的衣服好髒」，我們也學會不要表達自己內心沸騰的風暴。我們發現如果尖叫著說「你去死」或是「我恨你」，將會被罰在房間裡關緊閉——或是更糟的處罰。我們學到，從靈魂深處發出的吶喊只是讓別人感到害怕，如果他們夠怕的話，就會說出毀滅的話像是：「閉嘴，不然我就讓你有得哭了。」我們也學到，在外面以及有時候甚至在家人之間，當我們在他們面前表現出強烈的感情時，他們不知道要怎麼辦。憤怒被壓制，暴怒被撲滅，愛慕是不得體的，深層的痛苦會嚇壞別人，甚至出神的喜悅也讓人走避。強烈的情緒就是非常不適合我們日常生活的步調。

但是它們非常適合我們與聲音的對話，因為這個聲音不做評判。這個聲音不會想要調整我們的情緒，讓它回到可以被接受的形式。這個聲音並不是社會所接納行為的仲裁者。這個聲音**只是傾聽**。而且沒有比這還要更棒的禮物了。那就是我們在追求的——有人聽你訴說，真正的傾聽。

很少人知道如何傾聽，因為沒有地方教人們學習真正的傾聽。家裡找不到這個榜樣，學校課堂並不鼓勵，在大學課綱裡也找不到。所以在夫妻諮商中，「無能傾聽」是一個主要議題就一點也不令人驚奇了。我們知道，在有效的關係中，傾聽是必要的，但是我們似乎做不到。太多的信念與評判在阻礙著。當有人訴說他們的故事，並且講到某個部分是令我們不自在的時候，我們腦中不斷浮現的是他們應該要如何做的想法。所有內在的噪音阻止了我們真正去傾聽對方正在說的話。

人們會察覺到這一點，於是他們就不說了，或是開始避免提及某種話題，或是只說他們認為對方想要聽的話。儘管與人連結是我們深層的人性需要，我們卻不再表達真實的自己，因為這麼做的代價往往就是愛的降低或消失，或是看著關係在尚未開始之前就從指間溜走的心碎經驗。

在《敞開：表達情緒的療癒力量》一書中，潘尼貝克描述了你可以安心揭露自己的理想關係型態。一開始，你必須信任聽者，並且毫無疑問地知道你可以安心述說自己的故事，並且表達你最深層的感情。你說話的時候，聽者並不評斷、反控，或是批評。潘尼貝克在一個腳注中說：「理想上，若一個人能找到一位完全接納的聽者，那麼和那個人談話會比書寫要好。訣竅就在於要找到那樣的聽者。」

「完全接納的」聽者——那就是對於這個聲音的完美描摹。而那位完美的聽者就在每次我們提筆的時候等著我們。只要我們敞開自己，就會被聽見。

從目前困擾你或正發生的事情開始

有時候，我們本能地或不費力地就知道從何寫起。在其他時候，擁有和這個完美聽者隨意交談的許可，反而讓我們疑惑：我心裡**在想**什麼？發生了什麼事？目前要講的最重要事情是什麼？

如果你不確定，瀏覽以下這些問題。當有人刺傷你的心或是讓你痛苦萬分，拿那個問題來作為你的起點。如果以下這些問題都與你無關，讀讀這些問題將觸發一個與你有關的問題。

- 我在擔心什麼？
- 如果我目前可以解決，什麼問題可以改變我的生命？
- 如果有一位明智的治療師問：「你為什麼來見我？」我會說什麼？
- 我最大的恐懼是什麼？
- 什麼事情讓我如此焦慮？
- 什麼關係令人悲傷？
- 我想要什麼？

拿出你的日記本，呼喚聲音，並記錄你的問題。

靈魂寫作練習

親愛的聲音，

我第一個問題是……

出現什麼就寫

接著，寫下出現在你心裡的第一個想法——最先出現的想法——無論你覺得它有多愚蠢、瑣碎、直白，或是不得體。就是把它寫下來。不要想，不要編輯，不暫停。就是書寫。第一個想法是一份珍貴的禮物。那是一個來自你靈魂深處的動力，想要被看見、被聽見。榮耀它。

把它寫下來並不代表它就是真的或必須發生，但是它確實意味這個想法就在你內心，並且渴望被表達出來。讓它出現在書寫紙上。也許你寫出來的第一個句子將類似以下這些：

我為錢擔心。
我的太太和我之間越來越疏遠。
我想我的工作不保了。
除了我之外每個人都很有成就。
我厭倦了和女兒的爭吵。
我的人生就是不順遂。

我很怕癌症將會復發。

我很寂寞。

探索你最深層的想法和感受

無論你第一個問題及第一個陳述是什麼，你已經打開了一道門縫。遵循潘尼貝克的指導，把門再開大一些：**針對你的第一個陳述來書寫你的最深層想法和感受**。

「你最深層的想法和感受」是指完整的故事以及你在故事中的角色。不要把故事省略，不要因為你認為它太糟糕、太嚇人或太平凡、太明顯或太病態而無法與聲音分享，因為——我希望你不要覺得太驚訝——聲音已經知道一切。

而且因為聲音已經知道，你可以安心地說出真相，並且與此同時，你也有義務要說出真相。

說出真相

這或許是你第一次受到邀請要敞開並且說出真相，全部的真相，而且只有真相。這是一個令人興奮的邀請，但是它可能令你感到不自在。並不是說你不想說出真相，因為你已經在意識或潛意識層面上來到這個書寫練習，你想要開放而誠實地說出你是誰、你真正的感受，以及你真正想要什麼。但是對我們大多數人而言，這種開放並不是自然而然或輕易的事。突然間得到許可要把自己整個敞開、並且讓言語的湍流自由湧出，感覺是很陌生的。

多年來，我們已經慣於謹慎地經營我們在人類關係裡使用的言語，但要用同一套經營與神聖的這段關係？你可以試試，但就是會行不通。到了某個階段，你會書寫關於過去發生的事，你也會覺得不自在或感到羞愧。你可能會掩飾重要的細節，或是抓不住你感受的真正原因，也有可能突然間你拿筆的手就寫出：「好吧，那不全然是真的。」這都是到時可能會發生的情況。如果你在想法一出現時就立刻加以壓制，就一定會如此。

快速書寫，不要管書寫規則

靈魂寫作的速度是個重點。這並不是與可能反對你的父母親的對話，或是和一個可能被你嚇到的成人的對話。這是一場與這個全知、充滿愛、完全傾聽的能量的對話，它創造了你而且愛你，不會也不可能移除它的愛。所以你在書寫前不用再三思考，你可以安心分享你的秘密。可是因為長久以來你已經受到人類溝通方式的制約，你可能需要一段時間才能讓自己完全接納那種安心。那就是為何速度是重要的。**速度是讓你贏過自己內在編輯的唯一方式。**天啊，你心中還有一位內在編輯！你的內在編輯徹底沉浸在你環境的規範裡，幾十年來它保護著你，不讓你跨越你的家庭、你的社交圈、你的鄰里、你的社區，以及你的文化所接納的範圍。當你在一場人類對話中趨近社會無法接受的範圍時，你的內在編輯就會拉你一把，對你耳語：「別那樣說。」

你是如此習慣要追隨內在編輯的導演，以至於你完全沒注意到它所發出的聲音。但是當你拿起一枝筆，在覺察的意念下要接近神聖的聲音時，你的編輯必然將生氣地努力要引起你的注意。你不必太費力就聽得見一個小小哀怨的叫聲：「別承認**那點**！」或是「你不能那樣和上靈講話！」或是「**閉嘴！**看在老天的分上，**閉嘴！**」但是你絕對不能閉嘴。就是在此時此地，你一定要把自己剝開，並且在紙上流露你的真情。

當我初次開始進行靈魂寫作時，我非常地憤怒，以至於書寫不太能真正描摹出我當下的行為。說「嘔吐」還比較正確。憤怒的字眼湧出，落在紙上，填滿了野蠻的黑色印記。我對神大叫：「該死的，你**在**那裡？你有沒有看見這裡正在發生的事？什麼事情那麼重要，讓你擱不下無法先來照顧我們！」我咒罵神。沒錯，甚至我用了髒話。我如此發洩在紙上的那天，感覺糟透了。我的內在編輯氣得尖叫，而我身體內所有素養良好的虔誠小女孩細胞在發出罪惡感的振動頻率。我真的認為神一定生我的氣。

我向外求援。我打電話給拉芮・艾瓦絲（LaRee Ewers），「讓疲累雙眼微笑」（Making Tired Eyes Smile）的創建人，那是一個給阿茲海默症老人使用的語言藝術系統。我知道拉芮定期會見一位有天賦的靈修指導，所以我非常肯定她對我所處的困境能提供有幫助的建言。我告訴她我做了什麼事，並期待得到一些建言，讓我知道如何與神聖進行比較接納的對話。結果，拉芮說：「有什麼問題嗎？你認為神還不夠大嗎？神很大的。神受得住的。」

在知識上、神學上，在許多方面，她說的對。但是我在乎的並非對錯。我告白，而拉芮的話已經免除了我的罪。我得到自由。這是生平第一次，我有被看見的自由。我有自由讓神見到全部的我，甚至是——尤其是——最黑暗、最憤怒、最嚇人的一面。我感覺自己輕了十磅。隔天早晨，我抓了筆，帶著一種復仇心態潛入我的日記本裡。我的怒氣還在，可是現在我能自由地溝通我的憤怒。而且，啊，我真的溝通了！我並不在意內心那個偽善小編輯想要我說什麼；我知道我的問題很嚴重，而且只有真相能幫我疏通。

要把你的編輯推到一邊的最好方式就是快速書寫——非常、非常的快。確定你有一枝在紙上順暢滑行的筆。不用費心拼寫出你一再重複提到的人名或地名，只要一個開頭字母縮寫或是象徵符號即可。不用忙著使用標點符號或引號，那會讓你的書寫變慢。別擔心書寫的正確性，只要專注在對話上。因為靈魂寫作就是如此——一場對話。它剛好是以書面的形式出現，但是它不必達到教師認可的「優良」書寫標準。

除了你自己和聲音之外，沒有人會看到你書寫的內容，而且聲音不在意你的文法、標點或拼字。這個聲音不在意你是否從未寫過一個完整的句子，這個聲音不在意你的想法是否過度跳躍，這個聲音不在意你的書寫是否易讀，這個聲音不在意你的句子在紙上是否工整或是彎彎曲曲，這個聲音不在意你是否寫在欄位裡或是紙的邊線上，或是你要在整張紙上揮霍，這個聲音甚至也不在意你的想法到底有沒有道理。

舉例來說，你可能告訴這個聲音，女兒惹你生氣，因為你為她的感冒所泡的一杯熱茶，她一口也不喝就倒進水槽裡。然後你突然描述自己在二年級時不想要吃蘆筍的一幕場景，你被父親打了一巴掌，你嚇了一跳，感到羞辱、惱火且生氣。接著你可能就跳到一個激烈的聲音，說你有多恨前配偶，然後你可能就跳進一串未付的帳單，然後你可能懷疑自己為何還要做這個愚蠢的書寫活動，因為聲音顯然並沒有在聽、也一點都不在意，然後你可能又開始談及工作上的一個棘手問題以及那裡的人都是瘋子，然後你的書寫就以一個大大的「請求幫助」作為結束。

如果有人讀到這個每日書寫內容，可能會認為那是一種神經錯亂，但是在這個聲音眼中，那卻是一首抒情詩。同樣的情況下，如果你慢慢書寫而且仔細斟酌句子，那就會給你的內在編輯許多機會來「幫助」你——那麼紙上的內容就會顯得乾淨、美麗、徹底照著底稿寫的。可能你一開始也是講同樣的泡茶故事，可是隨即就會出現你為自己行為道歉、保證下一次表現會好一點，而事情的發生經過以及為何如此感到受傷就完全被模糊掉。而且你也不會說出認為神聖聲音拒絕傾聽的苛刻言論——至少，如果你是在一個抱緊傷口、有神論的環境下長大的人，就不會這麼說。

你自己來試試這個不同。一天仔細而慢慢地書寫，先思考再書寫，寫完整句子，使用正確的逗點與標點符號，然後當你想到更好的說法時，就刪去一些字詞並做更正。寫一篇會贏得老師贊許的日記。隔天（或是如果你有時間的話，立刻）書寫同一個經驗，但是用盡興的、草草的措辭，彷彿你是在向一位想要傾聽你每一句話的特別朋友訴說一樣。不要回頭去編修。只要繼續往前，往前，往前，全力加速前進。你將發現你的書寫在形式和內容上截然不同。

一位在情感受傷的美容師喬依，向我回報了這個實驗：

> 我的手寫字很漂亮，我對於自己的手寫感到很驕傲。所以當妳說要速寫時，我不喜歡。我的手寫字不再美麗。看到錯字而不能回頭去改正，其實讓我覺得很難過。甚至妳也被我寫進去了！我在受挫的情況下，突然寫道：「珍妮說要繼續寫，所以我就在速寫。

我不喜歡，但是我正在照做！」我手寫的字變大了。好大！我被我寫的字的大小嚇到了。有時候一整頁只有四行字！但是當我開始以這個方式書寫以來，我書寫的內容就改變了。我習慣了懇求上靈，把他帶回到我身邊。每天早晚：「把他帶回我身邊。他為何不回到我身邊？」可是現在，我請求的不一樣了。現在我寫：「我應該有課題要學，而我不知道那是什麼。我準備好了。我想要學。引導我！」

喬依還沒有找到答案，但是會來的。這個聲音無法抗拒像那樣的一種邀請。你在敞開階段的工作就是要**釋放出想要被聽見的言語**。如果你的言語卡住了，就對它們提出邀請。祝福它們。對它們說，請安心出來。對它們說，你將不會讓編輯出來干擾。對它們說，這個聲音正在等候傾聽，因為那是你的故事。而且，要開始療癒，你的故事必須要先說出來。

訴說你的故事

布萊恩和麗莎·柏曼（Brian & Lisa Berman）有一套獨特而深入的知識，是關於訴說你的故事所具有的療癒力量。他們主持「同理傾聽計畫」（Compassionate Listening

Project），這是一個非營利組織，教導以情感為基礎的說話以及在世界各地處於衝突關係中的人反省式的傾聽技巧。布萊恩和麗莎主持在德國的同理傾聽工作坊，幫助納粹屠殺的倖存者及其家人，還有納粹親衛隊官員及其家人，傾聽彼此的故事。我有信心，布萊恩和麗莎幫助人們彼此訴說故事的經驗，也能應用到書寫者對聲音訴說他們的故事。

「你的故事，」麗莎開始說：「就是你的治療師。每個故事都是衝突，而衝突之內則是改變、成長、發展的機會。故事是已經發生的事；它就是內容。價值就在於故事正在告訴你的訊息。那是來自上靈給你的指引，祂想要帶你到一個新的地方。」

這個描述聽起來與靈魂寫作有直接的相似處。你有個故事要說，而你的故事就如同大家的故事一樣，充斥著衝突。但是訴說你的故事，尤其是如果那是個埋藏深處的傷口，會是很難的一件事。我問布萊恩和麗莎，他們如何教導人們訴說自己的故事。

「安全是第一要件，」麗莎說：「一定要有一個安全的容器。」在同理傾聽工作坊中，安全的容器就是工作坊的其他成員，他們都受過訓練要聽出當事人在故事細節之外的核心認同以及需求。當你書寫時，你的安全容器就是聲音。這個聲音總是進入你的核心認同，你真正是誰、你特有的靈魂。當你在個人的書寫空間內坐下來時，拿起筆，並且帶著要與這個無條件愛人、全然接納的傾聽者建立關係的意念時，你就是在終極的安全容器裡。

說真心話

在你的安全之地，你可以自由自在地說話，自由得就像你從未這樣發自真心地說話一般。柏曼夫婦解釋，發自內心的說話不同於來自頭腦的說話。通常，當我們與他人說話時，我們是有個主題的，即使我們沒有意識到。我們說話時，會注意別人的反應。我們會尋找線索，看看他們的經驗、傷口以及感受，與我們的經驗、傷口以及感受是否產生共鳴。

說真心話就不同了。它並不是把傷口與傷口連結起來，也不是操縱對方的回應或是揣測對方的同意程度。它是把你心底深處的故事公開透露並釋放出來，讓它最終**能被完全地聽見並得到療癒**。布萊恩描述它的進行過程：「當說話者周圍的人以反映的方式來傾聽其故事時，說話者得以聽見自己的故事，或許是其生平第一次聽見。在那之前，他們真的從未傾聽過自己。他們重複訴說同樣的事情，產生同樣的憤怒感，但就是從未真正聽見自己說的話。」

當你進行靈魂寫作，你訴說你的故事——這故事你先前已經說過許多遍——但是這一次故事不同了。這一次你並不是想要引起一個同情的、同病相憐的反應。因為事實上，你不能。這個聲音的職責並不是要確認我們的罪，或是讓我們報復那些令我們生氣的人；這個聲音是要從事智慧的事。

可是，如果你有一個**不想要說**的故事——這個故事你從未告訴任何人，甚至你最好的朋友或配偶也不知道——要是你有這麼一個故事，你甚至也不想說給自己聽呢？

愛蜜莉就有這樣的一個故事。大學畢業後，她在芝加哥找到一份很棒的工作。她租了一間小公寓，把前幾個月拿到的薪水都用來裝修房子。她熱愛自己的工作並且喜歡和新朋友聚會喝酒。八個月後，她突然辭掉工作並搬回家裡。她的父母張開手臂歡迎她回家，可是當他們問她發生什麼事，愛蜜莉只說大城市的生活不適合她。他們覺得奇怪，但是愛蜜莉很快就找到一份新工作，並擁有一個活躍的社交生活，似乎已經回到她在家鄉的生活步調。

七年之後，她去見一位治療師，因為她無法擺脫憂鬱症的復發。第三次去見治療師時，愛蜜莉突然說起在芝加哥的一場約會強暴。當她說完後，愛蜜莉在驚嚇中看著治療師並說：「我完全忘記發生過這件事。」那天晚上，愛蜜莉開始她的靈魂寫作。她寫的越多，就越了解自己所埋藏的故事，以及它如何影響她的生活。

我們都有埋藏的故事。愛蜜莉告訴我這個故事之後的當天晚上，我夢見自己還是個大學生的時候，我正在一輛巴士裡。當我到站時，一個過胖的傢伙在座位上不肯移動讓我通過。在夢中，我從他身上跨過去，而當我這樣做時，我感覺他伸手進我的外套並且要脫掉我的內褲。我在充滿厭惡感的情況下醒來——我很驚訝，我已經完全忘記這件事了，可是更重要的是，我還忘了自己曾經因為沒有甩他耳光及對他大叫而感到多麼的羞愧。那時我反而是偷偷溜到公車後門，為自己如此愚蠢而自我譴責。那就是我需要和聲音分享的故事。我在日記本上徹底地抨擊它。我問為何這件事如此困擾我，我問自己為何掩埋這個故事，我問現在記起這個故事為何是重要的。我也請求幫助讓我療癒。

在潘尼貝克的研究中，他發現人們最不可能揭露的創傷有三種：父母離異、性虐待，以及暴力。你的秘密可能是其中一種，但是不一定要如此。經歷我的離婚，我以割開的血脈來書寫，讓我的情緒與靈性血液滴入紙頁。但是即使我的日記本安全無虞，我還是有一個無法讓自己說出口的秘密：我好希望我的前夫去死。每個晚上我都請求命運：「讓這件事結束吧。就讓它發生在今晚。拜託，拜託，讓他嚴重心臟病發。」

這個死亡願望吞噬我的靈魂，也消耗我的筆。一個早晨，在我來不及制止它之前，它就傾洩而出。「你看，」我告訴這個聲音：「我已經說了。那是真的。我真的好希望發現某天早上他的嘴開開的且合不攏。我真的這樣想。」而這個聲音溫柔地握住我的手，並且帶我走過漆黑的地方。我們花了好幾週時間談論我的秘密。到了我們已經結束的時候，我有一個新的夜晚願望——讓我完成離婚手續——以及一個比較輕鬆的心情。一天，我決定完全療癒這個秘密的唯一方式就是說出來。所以我首先告訴一位密友，然後再告訴另一位，然後再告訴一個小團體。我很驚訝地發現，不論男女，凡經歷過糟糕離婚的人都許過同樣的願望！結果，認為我的秘密不能說的人，只有我自己。

如果你有個秘密，問問你自己：「我準備好要打破這個沉默了嗎？」如果你還沒準備好，沒有關係。對聲音說，有一天你們將長聊你的秘密，但不是今天。同時，你還是能釋放你的秘密哀傷。你可以追隨以色列猶太人的例子，塞紙條在你個人的哭牆[1]上。在你的後院、樹林某處堆幾塊石頭，然後再把寫著關於你的悲傷的小紙條塞進石縫裡，或者把它燒掉、埋起來或丟入海裡。當你釋放這張紙條時，就說：「我把它交給你，上靈，療癒我。」然後，不用再擔心它。當打破沉默的時刻來臨時，你會知道，而且那時你將已經做好準備。

當你準備就緒時，也讓你自己接受周遭的協助。在我最灰暗的時期，我不但每天早晨書寫，我也參加私人及團體治療，每天閱讀療癒系書籍一個小時以上，並且在車裡聽靈修上師們的開示。我找到一個可愛的、支持性的靈修社群，他們激發我去擁有自己思考的力量。我每天都做點事來療癒我的靈魂。你不必孤獨地跳入自己的靈魂深淵，在你之前已經有許多過來人，他們都有智慧言語來幫助你。如果你不確定到何處求助，問問這個聲音。幫助會來臨的。

打開你的靈性之耳

當你完整書寫你的故事時，你會開始聽見你自己。而當你聽見你自己時，你會開始察覺到隱藏在你故事細節背後的需要。而在那些需要的背後，你會開始聽見你的本質、你的核心、你的靈魂的聲音。這種傾聽遠超過身體的傾聽範圍，觸及以靈性的行動來覺知在話語內的本質。吉恩・努德森・霍夫曼（Gene Knudsen Hoffman）的研究啟發了「同理傾聽」計畫，他在一九九四年於派思二一〇〇大會（Conference of the Pax 2100）[2]的一場演講中，對此提出了最雅緻的解釋：

我談的並不是使用人類耳朵的傾聽。我在談的是關於感知某種隱藏的、朦朧的部分。我們一定要用我們內在的靈性之耳傾聽，這個方式非常不同於預先決定對錯，然後尋找擁護我們議題的方式。我們一定要暫時擱置我們的信念並且傾聽，以了解我們所聽見的是否擴展或降低了我們對真理的判斷。

---

1. 編注：位於耶路撒冷舊城古代猶太國的聖殿護牆的僅存遺址。千百年來，流落在外的猶太人回到耶路撒冷時，便會來到這面石牆前低聲祈禱，哭訴流亡之苦，所以被稱為「哭牆」。
2. 譯注：由加州戈拉塔的長老教會所推動的和平計畫，計畫宗旨是把世界的和平宗教介紹給願意了解的人。

「用我們的靈性之耳傾聽」——好個強烈意象！這個聲音，當然，只能用靈性之耳傾聽；那是這個聲音唯一擁有的耳朵，是我們這些正在學習靈魂寫作的人要去發現我們的靈性之耳、並且打開它們以傾聽宇宙的深奧訊息。當我們打開了，我們的故事最終就會有所改變。

布萊恩和麗莎看到許多有難以磨滅痛苦的人在他們眼前的轉變。布萊恩描述那樣的轉變如何能夠發生：「如果你把發生的事所帶來的憤怒投射到對方身上，那麼你就是躲在你的話語背後，聽到的就是你實際上要保護及捍衛的內容，你可以說：『啊，我是不是需要繼續保護並捍衛這件事呢？』這個挑戰在於，當人們過於嵌入在故事中的角色時，他們就聯想不到自己是這整件事的容器。一切都在你的內心。你的工作就是去與那個內在智慧接通，如此一來，你就與事情真正發生經過的核心有了一個深層的連結，然後才得以繼續前進。」

那正是我們的靈魂所要追求的事：去接通我們的內在智慧，領悟故事背後的真理，然後繼續前進。從我們所在的地方前進到一個新的地方，那裡有更大的平安、更大的愛、更大的可能性。

在生涯早期，潘尼貝克曾經歷過訴說自己故事而產生轉化力量的個人經驗，他也分享在《敞開：表達情緒的療癒力量》一書中：

我的太太和我在大學畢業之後就結了婚，而三年之後，我們開始質疑我們關係的許多基本預設。我們人生中的這段黑暗時期很糟糕。在那段期間之前，我從未有過嚴重的憂鬱。可是現在，每天早上一醒來，我最先感受到的就是在我胸口一股要把人淹沒的壓力——我又得面對悲慘的一天。

和許多從未遇過劇變的人一樣，我不知道要如何應付一股巨大的憂鬱。我不吃東西，開始喝更多的酒，也開始抽煙。因為我對於自己認為的一種情緒脆弱而感到困窘，我也逃避朋友。雖然我有心理學的碩士學位，我卻愚蠢地拒絕去看治療師。

情緒孤立了一個月之後，我開始書寫自己最深層的想法與感受。我記得自己每天午後就走到打字機面前打字，大概一星期的時間，我每天會花十分鐘到一個小時敲打鍵盤。我最初是書寫關於我們的婚姻，但是不久我就轉而書寫我對於我的父母、性關係、生涯，以及甚至死亡的感受。

每一天在書寫過後，我感到疲累，然而卻更加自由。到了那一星期結束的時候，我注意到自己的憂鬱症狀減輕了。多年來第一次——或許是有史以來——我有了一種意義感與方向感。我從根本上了解我對妻子的深愛，以及我需要她的程度。

一直要到八年之後我才回顧那段時期，嘗試想了解為何書寫對我有如此大的幫助。身為一位相當注重隱私、甚至是拘謹的人，書寫幫助我去放下並且面對一些我因為太驕傲而無法向人承認的私人問題。雖然我並沒有和任何人談過，但我已經揭露了自己某些最深層的感受。

潘尼貝克沒有和任何人交談。他是與這個全然接納的傾聽者交談，那就是布萊恩所稱的「內在智慧」，也是我所稱的「這個聲音」。而且正如「同理傾聽計畫」的教導，潘尼貝克顯然是用他的真心在說話。如果他在這麼短的一段時間內經歷到夫妻關係的深刻轉變，聽起來也像是他找到了靈性之耳，並且在他外在的痛苦故事當中聽見了內在的愛的真理。儘管沒有人會希望潘尼貝克或任何人有這種抑鬱的情節，但是可以確定的是，潘尼貝克經歷過他自己人生功課的療癒力量。

找出進入潛意識心靈的最好方法

潘尼貝克的方法產生一個有趣的問題：打字和手寫字提供的是不是進入潛意識心靈的同等途徑？我有兩種書寫方式：我使用手寫方式在日記本上與聲音溝通，在專業工作上則使用電腦書寫。對我來說，有個很大的差異。雖然我有信心當我用電腦工作時我是受到指引與指導，但只有當我以筆書寫時，我才有手受到移動的感覺。

在我規定以手寫而非打字來進行靈魂寫作之前，我決定要向一位潛意識心靈專家請教這個問題。約翰・伯頓（John Burton）是范德比爾特大學（Vanderbilt University）人力發展諮商學博士，他是通過授證的臨床催眠治療師與神經語言程式的高級執行師。他執業已經有二十三年時間，也寫過好幾本催眠語言的書。他在自己的網頁上說：「成年的一個主要任務，就是透過學習如何使用你的潛意識心靈，去接近並恢復與永恆（infinite）的連結。」

當我讀到他這一段話時，就發了一封電子郵件向他請教，電腦打字或手寫字兩種方式，在進入潛意識上是不是同等的管道。他回信說：

> 我個人並不是一個打字高手，所以我必須使用我的意識去記憶鍵盤的位置和輸入等等。這個情況會破壞我的觀念從潛意識流到意識層面。手寫的話，我的行進好像自動駕駛，也就是讓觀念從我的潛意識心靈流動到鉛筆再到紙上。

他的回答聽起來顯然像是支持用手書寫。但是今日許多人打字都比伯頓快，所以我問他，打字快手在看著電腦螢幕時是否能進入潛意識心靈。我料想他會說不能，但是他的回答令我驚訝：

我認為，一個打字流暢的人能夠與他們的潛意識心靈保持接觸並且加以轉譯，無論他們是否看著電腦螢幕。已經習慣並適應這個過程的人能夠讓它自動化，自由地進入潛意識。但是，對於打字比較不流暢的人，我們必須間歇地想到鍵盤及螢幕，而不是想著我們的觀念。這種打破連結的情況需要一種重新連結。重要的是看哪個方式能讓你的想法最順暢地從潛意識流動到你的意識。

對我們大部分的人而言，與潛意識建立連結的最好方式就是用手書寫。當我在紙上寫出一個怪字或錯字時，我的速度從不變慢，也不會刪字或編輯。但是在電腦上打字時，每當我發現因為打字不順而寫錯字或是亂碼時，我無法忽視。即使我什麼也不做，我還是注意到它，正如伯頓所說，我的專注力就中斷了。

所以我堅持使用手寫方式來和聲音溝通。如果你的打字速度快而且準確，你可以自行實驗。試試在電腦上寫給聲音，也以手寫來作為比較。如果幾週之後，你發現自己以打字方式更加能夠進入你的潛意識心靈，那麼打字就是你的媒介。只是記得：**不要回頭編修**，也不要忽略安全性。把你的日記以密碼登入的檔案方式儲存，必要時則刪除。因為資料性檔案在離婚與其他法律訴訟過程中將成為另一個戰場，你得考慮電腦的隱私性。如果你捲入或可能捲入任何一種法律爭議，找找清除記憶體的軟體，或是使用手寫然後再把紙碎掉。

萊斯麗為「進入潛意識」以及「意外發生時的電腦安全性」的雙重問題找到了一個解決之道。在靈魂寫作課程之後，她決定要用電腦打字來書寫，卻發現自己要維持潛意識心靈狀態很費勁。她也擔心有關打字書寫的隱私問題。有一天，在受挫的情況下，她把問題打出來，並且交給聲音去解決。她告訴我接下來發生的事：「我正在電腦上書寫，突然間靈光一閃，要我雙眼閉上打字。我當時不知道，但是我的手指敲鍵盤的位置並不對。當我張開雙眼後，我一個字也認不出來。那是一個錯誤，卻很有效！我知道我正在與上靈溝通，相信我，我的書寫完全保有隱私。我甚至沒法辨讀！」

有關節炎問題的人問過我，要如何不用手的情況下書寫。這個問題把我難倒了，於是請教伯頓，人們是否可以使用對錄音機講話方式來進入潛意識心靈。他說：

> 我試過手提式口述錄音機，在我克服有東西掛在臉旁的問題後，有幾次成功經驗。可是這個方式缺乏文字書寫的視覺效果。對於關節炎患者，我會建議找一種電腦軟體，把你對螢幕講話的聲音寫出來，如此你就能看見你說的內容。

在收到他的回覆後，我搜尋辨聲軟體，並對各種操作示範驚訝不已。如果你有影響手部運作的問題，科技能提供你其他的書寫方式。

榮耀你靈魂的表達需求

許多人都為如何克服在訴說自己故事時所帶來的情緒痛苦而掙扎不已。蓋瑞在參與數個月的戒酒團體之後，來參加寫作工作坊。身為戒酒癮的新人，他有許多話要與聲音討論，可是當他嘗試書寫時，卻起不了頭。他的問題似乎很大，痛苦也很深而無法探觸。一個秋天的午後，當他坐在家裡後院，為自己的人生狀況焦慮不安時，他抓了一本日記本，以斗大的黑字叫嚷出一個問題並且用粗話罵聲音，要它修補。

在肌肉緊繃的情況下，蓋瑞從日記本上把那一頁書寫撕下來。他環顧周遭要找個地方丟紙，一眼瞄到他的烤肉架。他開了火，把紙燒毀。他又在紙上丟出另一個問題，把紙從日記本上撕掉，並丟入火裡。他一旦開始就停不下來，一頁又一頁，他要求這個聲音聽聽他面對的所有糟透的事——他無法掌握的事、分崩離析的事、不對勁的事。兩個小時之後，他筋疲力竭，可是同時也感到更為放鬆、更為清楚，幾乎也更為聖潔了。「我不曉得可不可以把這個經驗稱為靈魂寫作，」他在團體中分享：「但是隨著每一張紙燒成灰燼，我感到這個聲音好像把我生命中的又一個問題給帶走了。」他是不是在進行靈魂寫作呢？我們認為確實如此；我們都為他起立鼓掌。

蓋瑞跟隨他自己內在的指引，找到書寫的方法。他的每頁日記都轉化為他個人的哭牆。那是非常有效而深入的清理，因為他說的是這個聲音最喜愛的語言——也是這個聲音的唯一語言——真相的語言。他把每一刻的感受都確實表達出來。他完全地活在自己當下所有的痛苦、困惑以及恐懼裡。他吶喊出自己的故事，並且**要求這個聲音傾聽**。那一天，這個聲音做了很大量的傾聽。

通常，人們在進行靈魂寫作時都會寫很久，尤其是如果他們要說一個艱難的故事或是要解決很大問題的時候。其餘的人在書寫時則是輕輕帶過。克拉克來參加寫作工作坊，希望喪妻之後書寫能幫助他療癒。但是當他拿起筆時，就是寫不出來。他的遭遇太令人痛苦。所以克拉克就做點別的事。他描述妻子在過世前半年裡他們兩人置身過的所有房間：醫生的看診室與護理站、電腦斷層掃描、核磁共振攝影，以及X光實驗室、手術室、恢復室、等候室、醫院病房、急診室、加護病房——這些他不想再見到的房間。「太多房間了，」他對我說：「我向聲音描述這些地方，但是並不書寫我個人的感受。我很怕如果我一開始書寫，就停不下來。」這些房間對他來說是隱喻，是進入未知的死亡、失落及悲傷的踏腳石。

他在課後寫信給我，為他無法「正確」書寫而道歉。我回信說：「和聲音談話並沒有所謂對或錯的方式。你在書寫時只有一點是重要的——你正在說真話。你在書寫那些房間時，你就是在做相當深入的療癒工作。請繼續以帶給你平安的方式書寫。」

在此，我已經提供你許多建議，關於如何進行你的靈魂寫作。但是正如我告訴克拉克，**並沒有所謂的獨一方式或對的方式**。我的目的是要給你信心，提起勇氣並開始書寫。在書寫的過程中，你將發現自己的方法、自己的儀式、自己的程序。關鍵就是要行動。現身以進行對話，一旦開始後，就敞開自己，並完全而深刻地專注當下。

你在最初幾次的書寫或許不會在紙上見到聲音。不用擔心。一開始，你的書寫是場獨白。它應該是一場獨白。你有很多話要說，而書寫給你一個把它說出來的安全空間。事實上，正如「同理傾聽計畫」的成員所言，**直到**你訴說自己的故事後，事情才會有變化。所以說故事吧。但是要知道，儘管靈魂寫作是始於自己故事的種籽，訴說你的故事本身並非目的；接收智慧、指引以及恩寵才是。而這一切，需要一種新的傾聽方法。

第八章

靈魂寫作的第三個步驟：聆聽

當你進行靈魂寫作時，一開始，你負責所有的說話，而聲音則是傾聽。但是到了某個階段，你的角色開始改變。梅式圈的另一半說明了書寫者與傾聽者的角色轉換。

在第三個步驟「聆聽」中，聲音開始說話。問題是，你這個靈魂作家在書寫的時候要**如何**傾聽？這些都是深刻的問題。就像聲音傾聽你一般，你要從學習傾聽開始。

像聲音傾聽你那樣地傾聽

靈性的傾聽，就像所有靈性修鍊一樣，隨著練習會越變越深刻與豐富。因此，如果一開始似乎沒有發生什麼重要的變化，不必難過。只要專注於開始，相信你是走在你應該走的路上，並且正在學習當你需要時你所需要學習的事。一開始，就是傾聽你的經驗事實：發生的事、誰做了什麼事、誰說了什麼話，以及接下來要發生的事。聽聽當這一切發生時你有何感受，也聽聽此刻書寫這一切時你有何感受。傾聽你的悲傷、喜悅、恐懼，以及挫折。這就是靈性傾聽的第一層次，這是相當容易做到的事。這個事實與感受大聲而清晰，就如你在頭腦中聽見，然後隨即在紙上看見一樣。因為那一分鐘的延遲，你就聽見了自己的故事，以及你故事的小小回音。那就像是聽到故事兩次一樣，當你的故事在你的心裡回響，你就會開始注意到細節並且聽見微妙的差別。第一層的靈性傾聽

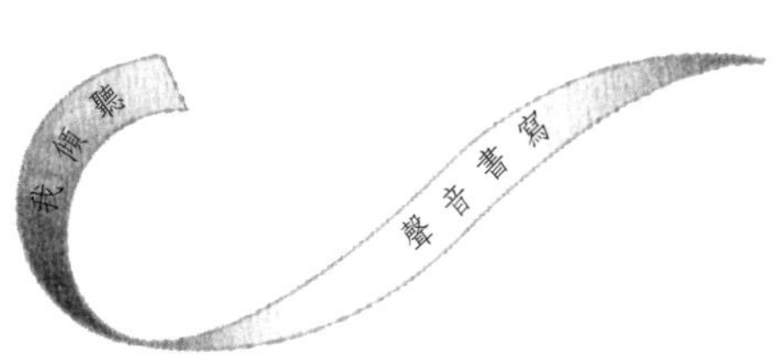

書寫者與傾聽者的角色轉換

有相當大的價值，而且就算你不再往前進，你對自己也將有相當多的了解。

但是深層學習需要深層傾聽。要深層傾聽，你就必須打開內心深處的靈性之耳。就像是柏曼夫婦的「和好工作坊」的成員一樣，你傾聽某人訴說他或她的故事。傾聽關於那個人的一切——在這個例子裡，那個人就是你自己。傾聽關於你故事的一切，傾聽故事背後的故事——較深層的喜悅、較深層的悲傷、較深層的恐懼、較深層的挫折。傾聽複雜與矛盾。傾聽那些小事情，它們可能並不小，也傾聽那些你在反省中明白並不是那麼大的大事。傾聽這個故事在過去有多麼的重要，以及如今為何依然重要以及為什麼重要。傾聽你自己，就像你未曾傾聽過一樣。傾聽給你動力的事、給你靈感的事、讓你的心狂熱的事。傾聽讓你害怕的事、讓你恐懼的事、讓你思路暫停的事。傾聽那些一再反覆發生的事。傾聽你想要的事——不只是你告訴朋友或家人你要什麼，而是在內心深處你想要的是什麼。當你用這個內心深處的靈性之耳傾聽，你正在經歷的就是一探這個聲音傾聽的方式。

所以這個聲音如何傾聽呢？我在圖書館的各種宗教聖典或靈修書籍中都找不到答案。可是接著，我遇到了大學時代的老朋友《流浪者之歌》（*Siddhartha*）。在一九二二年寫的這本小說裡，赫曼．赫塞（**Hermann Hesse**）完美地描摹這個聲音的傾聽方式，以及當我們全然、完整地聽見時，會有多麼喜悅。用聲音來取代「擺渡人」，看看你是否同意。

擺渡人非常專注傾聽。傾聽，他吸收一切，出身與童年時期，所有的學習、所有的尋求、所有的喜悅、所有的敬畏。擺渡人最大的美德之一，就是他和少數其他人一樣，懂得傾聽。一言不發，說話者感受到擺渡人接受他說的話，沉默、開放、等待、一字不漏，沒有不耐煩，既不讚美也不責怪，而只有傾聽。希達多感到幸福就是卸下負擔，把自己交給一位傾聽者，讓他自己的生命沉浸在他的聽眾的心靈裡、他自己的尋求裡，以及他自己的苦難裡。

親愛的聲音

在學習傾聽你時，我要注意的是什麼呢？

幸福的確如此。

當你每天花十到十五分鐘時間以這個方式傾聽自己，連續進行三十天、一百天、一年，你無法不開始聽見你自己的靈魂。當你傾聽，知道這個聲音也在傾聽。這個聲音永遠都在傾聽——而且完美地傾聽。當我們書寫靈魂時，我們也正在學習如何傾聽。

如我們在第二個步驟「敞開」中所發現，人生並沒有為我們準備深層靈魂傾聽，所以對你自己溫和一點。

在前幾次的書寫時，不要期望能理解一個故事的深度與呼吸。靈魂寫作並不是一種一次性的「恍然大悟」。它是一種多層次的探索，隨時間流逝一頁又一頁地顯露它自己。不要期望或要求你在書寫的第一次或第二次或甚至是第二十次就出現答案。只要讓你自己書寫，並且知道，當你準備好時，你將接收到指引，並了解你尋求的答案。

靈魂寫作練習

親愛的聲音，

我有讓我的靈魂寫作開展嗎？我是不是沒有耐心？

我是不是期待你以特定的方式和時間出現在紙上？

為聲音創造空間

對某些人而言，這個聲音很快就出現。他們請求指引，然後突如其來地，它就出現在紙上了。但是對多數人而言，這個聲音是比較難以捉摸的。這並不是說這個聲音不在那裡。這個聲音完全在我們眼前，而且積極傾聽我們書寫的每一句話。這也不是說我們不知如何讓它顯露，因為在人與人的對話中，我們總是習慣於支配對話、要求我們想要的，以至於我們很難不說話並且保持安靜。

想要證明嗎？下一次你和伴侶、小孩或同事在對話時，試試用百分之七十的時間來傾聽，只用百分之三十的時間來說話。這很難的。如果你能夠做到，對方將會對你行為的劇烈改變而大吃一驚，或許還會問你是否還好。

靈魂寫作練習

親愛的聲音，

我注意到我在與……對話時，我說了多少、傾聽了多少。

我對這個結果有點驚訝。以下是我從中學到的：……

這裡有一個實驗，可以更加彰顯傾聽／說話的比重：下一次你在祈禱時，觀察一下自己，注意你花多少時間在講自己的情況、要求傾聽你的苦惱、辯護自己的行為或是懇求某事。然後你再比較一下，你花多少時間安靜地活在當下、感受上天的恩寵，以及保持開放。

事實上，我們總是透過祈禱喋喋不休地講自己，就像我們透過與人互動喋喋不休地講自己的事情一樣，我們不只告訴神聖自己想要什麼，還有它應該要怎麼樣遞送到我們眼前。

所以在靈魂寫作時也是這樣。我們如此習慣於說話，並且把對話導向某個特定的欲望或結果，以致於我們發現很難為聲音創造一個進來的空間。

靈魂寫作練習

親愛的聲音，

這一週我注意到當我祈禱時，

我有多常講話，以及我有多常保持沉默。

我要給你多少空間來和我溝通呢？

在意識上想要聽見這個聲音

創造空間給這個聲音，有幾種方式。第一種是在意識上想要聽見它。這並不是一件小事，也不是一種假定的事實。閱讀本書並非自動意指你想要在紙上見到這個聲音——因為當你把空間給予這個聲音時，聲音**將會**說話，而且你將聽見你可能意想不到、也沒想要的事情。

一九九七年的一天早晨，我正在日記本上吶喊我的丈夫所做的一切糟糕事：「我們開戰了！關於探視的戰爭、關於衣服的戰爭、關於小聯盟的戰爭、關於鋼琴的戰爭、關於生日禮物的戰爭、關於假期的戰爭、關於夏令營的戰爭、關於金錢的戰爭、關於碗盤的戰爭、關於烤麵包機的戰爭、關於瑣事的戰爭，雖然如此還是戰爭！」

在發洩好幾頁之後，我**要求**上靈在關於我前夫的事情上做點什麼：「給我一點建議。我從未想要樹敵，但是我現在有一個。我對敵人要怎麼辦？我要如何擊敗他？我要如何讓他放下武器？」

在這段艱困時期，我拼命地讀〈詩篇〉（聖詠集）並且對於耶和華在懲罰及毀滅他子民的敵人的一切偉大作為而深深著迷。我明白我也是神的子民之一，所以神當然會為我處理我的敵人。我知道這聽起來很瘋狂，可是當你充滿憤怒——並且還沒有做足夠的靈魂寫作而理解到你其實是對自己憤怒——的時候，你會要求聲音去做某種粗暴的事。在下一句話出現在紙上之前的一秒鐘，我感到有一丁點的喜悅，因為我真的相信我即將要得到某種有價值的、出自聖經的得勝方法的建議。然後，我的手就寫：「放下我的武器？停止吵架？愛我的敵人？」

我嚇呆了。這**並不是**我想要聽見的話。而我卻這樣說。所以我又寫道：「啊，親愛的神，除了這些之外都可以。」（當我告訴你我和這個聲音在搏鬥時，我不是開玩笑的）這個聲音誤會我們處境的嚴重性，所以我書寫另一張冗長的清單，關於我的丈夫所做的更多糟事，同時想著這一次我已經以相當令人信服的方式說明了我的情況，於是就再問一次：「我要如何讓他放下他的武器？」

紙上立刻出現答案：「放下我的武器？停止吵架？愛我的敵人？」

當然，這個聲音是對的，但是在我願意遵循那個指引之前，又過了三年時間。我不是要用這個故事來讓你被靈魂寫作活動嚇跑。我告訴你這個故事是要戲劇化地說明，當你在意識層面上想要這個聲音、並且為聲音創造出回答的空間時，聲音不但會出現，也會毫無差錯地出現。「愛你的敵人」當然不是從我而來——至少不是來自我的意識自我，它來自於我靈魂中一個更深的地方，那裡是較高真理所寄居之處。

所以你**如何**在意識層面上想要這個聲音呢？那並不是你的所為，那也不是你的所欲。那是你所允許的事，那是你所歡迎的事，而且那是你所臣服的事。這個聲音給每個人一種開放的、長期的邀請來和它接通。你的意識想要聽見並看見這個聲音出現在紙上，就是你接受了那個邀請。

親愛的聲音，
我是不是準備好要接受你的邀請了？
我是不是想要你和我談話？
我如何知道我已經準備好了？
我需要做什麼才能對你的聲音真正打開我自己？

請求一顆理解的心

如果「在意識層面上想要聽見這個聲音」是你對於它的邀請的回覆，「請求理解」就等於是走進那道門，並且見到聲音為你準備的筵席。只要想像一下，如果在一九九七年我請求的是理解而非得勝，我與這個聲音的經驗會有多麼不同。

舊約聖經裡的所羅門（撒羅滿）王明白「理解」的重要。他的父親，猶太人的王大衛（達味）王，在過世前任命所羅門繼承他的王位。所羅門於是就娶了埃及法老王的女兒並且搬到耶路撒冷，開始建造聖殿與他的皇宮。在那個當下，人生看似相當精彩，但是所羅門理解他還沒有預備好要當王。他轉向耶和華並祈禱：

> 我的神啊，我年輕不知道怎樣治理國家，你還讓我繼承我父親作王……所以，求你賜給我一顆善於識別的心，能判斷是非，好治理你的人民。不然，我怎麼能統治你這麼眾多的人民呢？（列王記上 3:7-9）

多麼簡單、美麗、又深刻的禱文啊：賜我一顆善於識別的心——一顆理解的心。附帶一提，那是正確的請求。耶和華不只賜給所羅門王前所未有的最有智慧的心，還賜給他**沒有**要求的事物如富裕、榮耀，以及長壽。

就是這顆善於識別的理解之心在做深層的傾聽。你的「理解的心」就是你內心最深處的靈性之耳。當你請求聲音了解時，你就在內心創造出一個空間給新的意識、新的學習、新的鑑識力，以及深刻的尋求。當你請求了解時，你就表達了你願意深入探進宇宙的真理。

親愛的聲音，
擁有一顆理解的心是什麼意思？
如果我有一顆理解的心，我的人生會有什麼變化？
我如何才能讓我的心準備好去理解呢？

相信你是安全與被愛的

請求一顆理解的心，不是你可以草率就做的事。因為當你為聲音創造一個空間時，你變得脆弱，這是你未曾允許自己出現的一個面向。即使在我們的親密關係裡，我們還是有一部分保留給自己。但是在與聲音的關係裡，沒有秘密角落，沒有隱藏的感受，也沒有未說出口的欲望。即使你認為你有所保留，一切都是已知，一切都被看見。你是完全全全的赤裸。

人們如果沒有信心，會無法承受這種赤裸。沒有信心是指宗教意義上，但是與這個聲音的連結並不與任何信仰體系束縛在一起。這種信念是一種深層的知，一種深層信任，相信一切都是為了善的目的——這種信任讓你放心地說出你的真相，放心地為聲音創造講話的空間，並放心地接收聲音的指引。那是一種深層的信任，相信你是受到保護與指引，而且是安全與被愛的。如果你只能選擇相信一件事，那就是它。對你自己說：「我是安全與被愛的。」而且你要知道這就是事實。

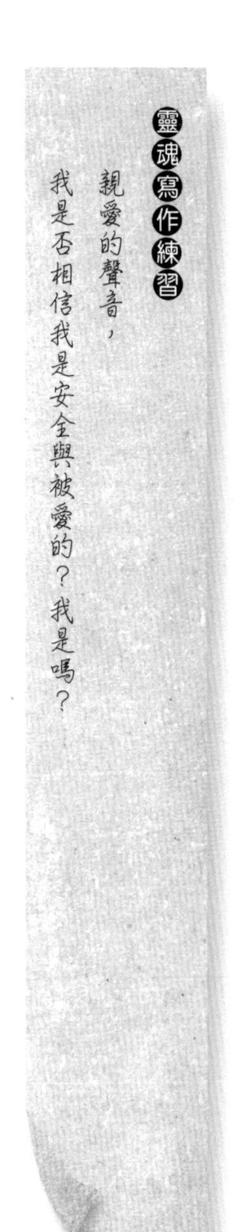

現身在當下

麗莎．柏曼說，靈性傾聽需要百分之百地現身在當下，因為「那想要被聽見的，現在就在這裡」。一個人的故事中的各種事件可能發生在久遠以前，但是當事人所感受的痛苦此刻依然還在。傾聽者用來承載這個故事的反省容器此刻也在這裡，而對於故事背後的故事的覺察就發生在這一刻。所以療癒就發生在它能發生的唯一地方——此時此刻。

這點對於靈魂寫作而言也是事實。你可能書寫關於你十歲發生的故事或是昨天發生的事，你可能書寫五歲時從腳踏車上跌跤或是昨晚與配偶的爭吵。或者你可能書寫關於未來——將會發生或可能、應該發生什麼事。你書寫的內容可以囊括行事曆所有行程，可是你只能在當下、今天、此刻聽見這個聲音。**你只能在當下學習，你只能在當下接收指引，你只能在當下改變你的想法，你只能在當下療癒**。

發生的事已經發生。這個世界的所有書寫不會也不能改變故事的結局：她離我而去。我丟了工作。我母親過世了。我先生被告了。我生病了。我的父親結束了他的事業。我的上司說謊。這間房子賣不掉。別人升職。醫生錯了。市場套牢了。我的女兒退學了。書寫無法改變故事，但是它可以改變你對故事的想法，它能改變你對故事的感受，它能改變它對你的意義，它能揭露埋藏在你故事沙中的真相小金塊，它能改變學過的靈修功課以及所冒的靈修風險。它能改變你與故事相關當事人的關係，它當然也能改變你與上靈的關係，但是所有的那種改變只能發生在今天，現在，當下。

如果活在當下的重要性對你而言是模糊的，那麼想想原諒的本質。每個靈修傳統都教導原諒的力量與必要性。無論是什麼需要被原諒，發生的都已經發生。但是只有原諒可以在今天發生。你無法重來並假裝你原諒十年前的那個人，你也無法投射未來並決定要原諒三年後的那個人。你的原諒只能在此地，此刻，當下。

顯然原諒只能發生在現在，但是「現在」也適用於一切。一切都發生在現在，因為那是你所在之處。你真的不會在其他任何地方。你能在紀念過去或投射未來的情況下，在別的時間去造訪某處，但是你只能活在這個當下。深受愛戴的伊斯蘭教聖人巴斯拉的拉比雅（Rabia of Basra），早在西元七世紀時就明白這個觀念：「靈魂不知季節一詞。陽光下的花瓣只能在當下觸摸得到。」我愛偉大的神秘蘇菲教士詩人魯米（Rumi）以簡潔直白的方式說：「為什麼你要讓自己躺在虐待者的過去與未來的拷問台上呢？」

當下也是聲音所在之處。聲音不會困在過去或在未來周遭飄浮迷失。聲音總是出現在完美的、永恆的、超驗的當下。

你藉著踏出自己的日常意識生活而接近這個聲音，並進入潛意識心靈之門。重要的是，你要知道，潛意識心靈與過去或未來的意識是無關的。對潛意識而言，只有現在。對潛意識心靈而言，痛苦並不是發生在上週、去年或十年前——痛苦就在當下。對潛意識心靈而言，一件令人害怕的事並不是未來才會發生，對那件事的恐懼和憂慮就出現在此地此刻。

靈魂寫作練習

親愛的聲音，

我的重心放在何處？

是現在、是過去、還是未來？

所以，如果你想要遇見這個聲音，你就敞開並完全地活在當下，而「那個想要被聽見的聲音」就會顯露出來。

願意探索「意識心靈」之外的範圍

如果「那個想要被聽見的聲音」已經在你的「意識心靈」（conscious mind）裡，你就會已經「聽見」它、知道它，它也不用努力得到你的注意或顯露它自己了。因此，「想要被聽見」這個訊息一定是新的，而且一定是來自於你意識心靈之外某處。這就引起一個重要問題：意識心靈之外是什麼？嗯，宗教與科學已經思考這個問題幾千年了。這裡我簡要介紹幾種可能性。

我們先從你的「個人潛意識心靈」（personal subconscious mind）說起。潛意識心靈非常浩翰，比我們所能理解的還要廣闊。布魯思．立頓（Bruce Lipton）在其暢銷書《信念的生物學》（*The Biology of Belief*）中，嘗試做了描述：「當涉及全然的神經處理能力時，潛意識心靈的力量比意識心靈還要更為強大。」他把兩張照片並列在一起，以示範說明潛意識和意識心靈處理資訊的力量。第一張照片是一張複雜的兩千萬畫素的馬丘比丘古神廟（Machu Picchu）照片，代表潛意識在一秒間吸收的資訊量。接著是一張同樣大小的黑色矩形照片，中央有一個模糊的四十畫素的白點，代表同一秒間進入意識的資訊量。試著想像一下到目前為止在你的潛意識心靈所累積起來的資訊數量！

在你的個人潛意識心靈之外是「集體潛意識」（collective unconscious），它充滿人類累積的所有象徵與原型。你夢境中的象徵就是從這裡而來。而在這個集體潛意識之外則是一個更大的倉庫，裡面裝著過去、現在或未來的一切。我們人類顯然相信這個倉庫的存在，因為不管我們住在地球的何處或是哪個世紀，我們都為它創造出名字與意象。

樹木與書籍是遠古文化中用來代表這個宇宙倉庫的最常見象徵。古猶太人稱它為「生命之書」（Book of Life），它在〈摩西五書〉中第一次出現是當摩西承認他的人民一直在膜拜別的神祇時，他不想要耶和華懲罰他們，於是他提出一個全有或全無的協商：「倘或你肯赦免他們的罪。不然，求你從你所寫的冊上塗抹我的名。」（出埃及記 32:32）。在〈詩篇〉第一三九章，大衛王對書中訊息做了一篇動人且驚人的詳細描述：

耶和華阿，你已經鑒察我，認識我。
我坐下，我起來，你都曉得。
你從遠處知道我的意念。
我舌頭上的話，你沒有一句不知道的。

我的肺腑是你所造的，我在母腹中，你已覆庇我。
你所定的日子，我尚未度一日，你都寫在你的冊上了。

《可蘭經》裡也談到類似的書冊：

除非有神的許可，任何人都不會死亡，冊上已注定生命的壽限。
除非有神的知，沒有婦女懷孕或生產，年邁者不會衰老也不應死亡，一切都在冊上。

在〈出埃及記〉寫於約公元前六世紀，而《可蘭經》寫於約公元第六百五十年的情況下，生命書的此一原型象徵跨越了一個千禧年。

樹的象徵則甚至更老。寫於約公元前第九百五十年，並記載在〈創世記〉中，裡面提到一切的資訊都儲存在生命樹與知識樹裡。在佛教傳統中，佛陀在兩千五百年前坐在菩提樹下悟道，此後，樹就象徵純粹的超驗知識。

印度傳統中，一切知識的來源是超靈（Paramatman），它並非一本書冊或一顆樹，而是居於內心深處的絕對真理。在不朽的伊努伊特人（Inuit，即愛斯基摩人）神話中則是西拉（Silla），這個無形無狀的以太（ether）是萬事萬物的主要成分。每個靈修傳統（包括原始的口述文化在內）似乎都嘗試要描摹擁有一切知識的這個地方。

詩人們也嘗試要為它命名。葉慈（William Bulter Yeats）在其著名的詩作〈再臨〉（Second Coming）中稱它為「靈界」（Spiritus Mundi）。愛默生（Ralph Waldo Emerson）稱之為「超魂」（over-soul），在一八四一年，他寫道：「在人內心就是這個整體的靈魂；智慧的寂靜；宇宙之美，在此每個部分與粒子都是同等相連的，這個永恆的一。」

當然，這個奧秘談的永遠都是這種永恆的整體或一。在十四世紀，艾克哈特大師（Meister Eckhart）這位德國神秘學家暨心靈導師，記述了與一隻螞蟻的深刻對話：

> 有一天在一個田野裡吃午餐時，我麻煩一隻螞蟻回答一個問題。我謙卑地問他：「你去過巴黎嗎？」他回答說：「沒有，但是我不介意去。」接著就問我是否到過一個著名的螞蟻城市。我對於自己不曾去過感到遺憾，但是很快就加了一句：「我也不介意去！」這個對話引出一個結論：是有我們尚未知道的生命的存在。我們有多清楚在這個宇宙裡的所有意識呢？在無窮盡的範圍裡，這個地球佔有什麼樣的空間比例？在永恆中，一秒又是什麼樣的時間比例？

詩人魯米把這個真知的宇宙空間稱為「一片原野」：

在對與錯之外
有一片原野。我們那裡見。
當靈魂棲息在那片草地上，
這個世界就滿溢，無須言語。
觀念、語言、甚至是「彼此」一詞
都不具意義。

幾世紀以來，這個宇宙的知識庫一直是被歸入宗教領域。人們可能**相信**生命之書或知識樹或超靈的存在，可是沒有人能夠**知道**它們的存在。這些是信仰的事，不是科學的事。但是當愛因斯坦假設能量與物質是同一回事時——即，這個宇宙的物質原料就是**非**物質（**non**material）時——他引發了科學思考的一場革命，持續地把靈性與科學兩個領域越拉越近。科學似乎正在發現古人、神秘學家與詩人向來已知的事。

匈牙利的系統理論家艾文·拉斯洛（Ervin Laszlo）是探索靈性與科學此種整合的先驅科學家。拉斯洛的研究把愛因斯坦的理論往前推進一步，探索量子真空（quantum vacuum）或零點能量場（zero-point field）。零點能量是在所有其他能量都被移除的情況下所剩餘的能量。這個剩餘的能量場就是在宇宙背景中運作的看不見之網，它把萬物之間連結起來。在零點能量場，一切的確如愛默生的推想，是個「一」。

拉斯洛在一九九六年一場以「新的科學典範」（The New Scientific Paradigm）為題的演講中，解釋了這個零點能量：

物質與心智的發展是來自於一個共同的宇宙子宮：量子真空的能量場。我們的心智與意識和量子真空的互動，把我們與周圍的其他心智連結起來……它讓我們的心向社會、自然，以及這個宇宙「敞開」。這種開放已為神秘學家及靈敏人士、先知與後設物理學家所知已久。但是它卻是被現代科學家以及那些視現代科學為唯一理解現實的方法的人所否定。

然而，承認這種敞開是在返回自然科學。在我們意識與其餘世界之間的交通可能是雙向持續不斷而流動的。在我們心智中進行的一切想法可能在量子真空中留下振動痕跡，而且也可能被那些知道如何「收聽」到在那裡產生出的微型的人所接收到……那彷彿就像是一個天線正在接收到來自一個發報機所發出有關整個人類經驗的訊號。

那些量子真空中的「振動痕跡」聽起來完全就像「阿卡莎記錄」（Akashic Record）所描繪的「微本質」（subtle substance）。阿卡莎記錄是對於這個宇宙檔案系統的現代用語，它包含每個靈魂的所有感受、想法、言語，以及行動。據說這個記錄是刻印在阿卡莎上，阿卡莎是梵文，指的是「原初以太」或「宇宙本質」。在我們心裡，可以把阿卡莎檔案看成是一間巨型圖書館或一台大型電腦，不過它當然不是物質層面的東西，如同生命之書與知識樹一樣，從來就不是指物質層面的書本或樹木。

蘿拉蘭・本恩（**Lauralyn Bunn**）培訓人們去收聽並轉譯來自阿卡莎記錄的訊號，她說：「阿卡莎記錄是收錄萬有知識的地方，它充滿愛與支持，卻又中立、不偏不倚。它沒有要影響或改變我們的心意。它提供我們有關現在與過去的資訊，但是也給我們自己做決定的空間。它並沒有違逆自由意志的定律。」

我第一次發覺阿卡莎記錄與本恩，是經由哈特博士與生物人工頭腦學研究機構，寇特夫婦在那裡進行腦波訓練。當本恩的一個學生告訴哈特，她在說完一個神聖禱文後就開始進入阿卡莎記錄的過程，哈特請她說一下那個禱文。當她說禱文時，腦部掃描設備捕捉到她腦波模式的巨大改變。哈特立即認出這個獨特、神秘的瑟塔波模式，因為他在不同禪修上師的腦部掃描中重複見過。在他的書《聰明思考的藝術》中，哈特描述了神秘瑟塔波的情形：

> 當神秘的瑟塔波出現在我們的腦部，我們就接通到那個居住在所有人的潛意識、直

覺心靈當中的問題解決者。我們的這個部分多少能夠去接近我們意識心靈無法接近的實體面向……在神秘的瑟塔波狀態下，我們的心能夠接近一個宇宙的檔案系統，它記錄了集體人類硬碟記憶體中的每個思想、言語以及行動，一個在量子場內的宇宙資料庫。

我想聽聽自己「內在的問題解決者」要說什麼，所以我請本恩做一個阿卡莎記錄的解釋。在她幫助下，我向已進入我靈魂經驗的阿卡莎記錄中的上師與老師們提出問題。他們擷取資訊並用象徵的方式傳達給本恩，她再把那些象徵的意義盡可能翻譯成英文。

我在解讀一開始是問：「我現在明白是前夫的行為迫使我去探索深層的靈魂寫作。那是我們在一起的目的嗎？」

他們迅速回答而且有同理心：「沒有事是強迫的。這完全是一種自由意志的選擇。」本恩能夠察覺出我的驚訝，於是解釋說，上師與老師們是在答覆「強迫」一詞的現存能量。她也強調，記錄裡留有我靈魂的資訊，但是沒有任何事是預先決定的。自由意志的選擇永遠都在。

我問上師與老師的其中一個問題是：「當我或其他靈魂寫作者在書寫時，我們在何處？我們在記錄裡嗎？」他們說我們並非在同一個地方，我們可以在許多不同的地方。我們並不總是在記錄裡，可是我們**可以**待在記錄裡。他們使用一個類比來幫助我理解：

當你站在阿爾卑斯山脈一片野花遍布的草地或是大峽谷邊時，你感受到深切的連結。你是不是只有在阿爾卑斯山脈或大峽谷的那一刻才有此感受？書寫是同樣的道理，在深層連結的時刻，有一種敬畏感。你感受連結是毫無疑問的。如果有人說：「證明一下你與某物是連結的，」你會說：「沒有必要。我就是知道。」只有人類心智一直阻止這種深層連結。要連結的潛力一直就在那裡。

這個類比是如此美麗而且如此完美，讓我不禁請求是否可讓我使用在這本書裡。他們說他們感到榮幸。他們說，用它，因為重要的是要把靈魂寫作的神秘經驗給除秘化（demystify）。他們說：「讓它就像你刷牙一樣。」（難道你不喜愛嗎？靈魂寫作是一種讓你保持靈性健康的日常活動——就像刷靈性牙齒一樣！）

我又問了好幾個問題，因為想弄清楚他們是在解釋我的靈魂記錄。結束的時候，我提出最後一個問題，是和我母親有關，她幾個月前過世：「我是否已經找出所有她賜給我的天分？」他們停頓了很久，才微弱地說：「妳已經知道答案。」上師與老師們是對的。我投入了幾個月時間在靈魂日記裡探索我與母親的關係。本恩解釋，他們回答的力道是與我必須知道的程度直接對應的。

從我的阿卡莎記錄的解釋中，我得知有一本生命之書。它是真實而且可接近的。我得知言語承載獨特的能量振動，我得知宇宙以同等力道來回應你多想要知道的程度，我也得知在你進行靈魂寫作時所可取用的資訊是無窮盡的。

提出問題

從你個人潛意識到集體潛意識，再到阿卡莎記錄與量子場而來的廣闊可能性裡，你如何能及時找到此刻自己所需的資訊以理解並改善你的人生？從所有可取得的資訊裡，「那個想要被聽見的部分」要如何才能揭露它自己？

一個深度的方式就是：提出問題——許許多多的問題。正如想要聽見這個聲音就等於接納這個聲音的邀請，請求一顆理解的心是等於見到一大堆可供食用的菜餚，請教問題就如同坐下來並開始要品嘗你靈魂的筵席。

問題就像是你心靈的火星探險家，從你的意識心靈出發，去探測在你潛意識內以及之外範圍所儲藏的大量資訊。問題是吸引資訊的磁鐵，可以吸來你所需要、有意義，而且可能正好就是我們稱為答案的東西。但是這個問題與答案的關係並不是那麼簡單，在靈魂寫作這個靈修活動中，某個問題與其答案之間並沒有一對一的關係。

如果有一個完美的問題，我們就都會爭著要去發現它、問它、得到完美的答案，並且完成我們靈魂的探索。顯然那並非人生或問題的運作方式。一個問題似乎只會引起另一個問題，一個又一個。我們可以接受的是，問題有幾千個。可是要接受每一個問題並沒有單一「正確的」答案，並不是那麼容易。許多人花費數載追求那些難以理解的「正確的」答案，而整個人生似乎只是變得越來越複雜而已。

這種複雜性是一份恩賜。不知道正確答案就是一種恩賜，問題缺乏明顯而立即的解決之道也是一種恩賜。就是這些恩賜帶我們來到我們想要也需要一種靈性解決之道的境地，就是這些恩賜讓我們呼求幫助，就是這些恩賜帶我們來到書寫紙並接近聲音，也就是這些恩賜引導我們開始問新的問題——沒有單一正確答案的問題。

當你發現自己衝口說出你以前未曾問過的問題，是這些問題在引導你，這甚至可能會讓你害怕，此時要心存感謝。你正在走出你的意識層面並探索潛意識。當問題越來越深刻，你的探索就會越來越深入，含有許多層次的資訊，那是看不見卻永遠都可讓你取得的。問重要的問題，然後答案——各式各樣、豐富、有說服力的答案——就在路上。

耶穌就以最優雅而簡潔的方式說過：

> 你們祈求，就給你們；尋找的，就尋見；叩門，就給你們開門。因為，凡祈求的，就得著；尋找的，就尋見；叩門的，就給他開門。（路加福音 11:9-10）

祈求在本質上意指提出問題。但是有些問題讓你困住，有些問題開啟你的靈魂。有些問題讓你前進一吋，有些問題則讓你推進一哩。要如何形塑問題以得到最大的助益？

◆避免無效的問題形式

當我和布萊恩及麗莎．柏曼談到問題時，他們強調，同理傾聽工作坊的成員在指導之下，詢問彼此「開放式問題」（open-ended question），同時避免能夠使用簡單的「是」或「否」來回答的問題形式。

這種智慧也可應用到靈魂寫作。**問聲音一個只能回答是與否的問題，只會產生挫折**。就算你在書寫紙上看見一個是與否的答案，你也不確定自己是否應當接受或要如何執行，因為並沒有支持性的對話。通常，這個聲音並不迷戀簡短、直接、做這或別做那的問題。這個聲音有興趣的是擴展你的心與靈的深度與廣度。

當你發現一個是與否的問題浮上紙面時，不要問這個聲音；問你自己。你將發現，在聲音面前去回答一個有挑釁意味的問題如「我準備好要聽你了嗎？」或是「我真的想要一顆理解的心嗎？」將促使你去深入挖掘並找到真理。

「為什麼？」是另一個要停止詢問的艱難問題，因為這種問題的答案是我們都想要知道的。為什麼這份工作不錄取我？為什麼癌症又復發了？我為什麼破產？他為什麼要那樣對我？她為什麼要離開我？這件事為什麼衝著我來？所有這些問題都可以濃縮成「為什麼是我？」而這種問題不會有太大幫助。

這種問題其實是一種發牢騷的形式，它要的是找個人來責怪。事實上，沒有人可以責怪。事情並不是衝著你來，而是因為你而來。對於處於剛發生混亂與痛苦中的人，會覺得這種區別像是一種電擊。你會很想尖叫：「你是什麼意思，這是因為我?!」但是真相就是，**這**是你的靈魂召喚來的。你越快放棄「為什麼是我」的受害者心態，就越快能潛入並探索你靈魂的真理。如果你想要問「為什麼是我」，就用這一句來取代：「為什麼我的靈魂要召喚這件事？」當你問了，要有面對震驚的心理準備。接下來出現在紙上的訊息會嚇你一跳。

另一種無效的問題類型是詢問有關未來的事。我什麼時候才會找到真愛？他們什麼時候簽約？他什麼時候才會不再喝酒？我會不會中樂透？當人們詢問這類問題，本恩會告訴他們：「從阿卡莎記錄中而來的時間是最不可靠的資訊類型，因為時間和意識的改變有關。」換言之，無論你問的是什麼事，當你準備好時，它就會出現。所以如果你想要問「我什麼時候會找到真愛？」就改問：「我要做什麼改變才能吸引並遇見一位親愛的伴侶？」如果你想知道「他什麼時候才會不再喝酒？」改問：「我要如何參與這個處境？」無論何時，當你書寫出現有關未來的問題時，問問自己：「意識中的這個改變究竟是與什麼有關？」並請教要怎麼做出那個改變。

第四種行不太通的問題方向，是問有關對方的問題。靈魂寫作是關於你自己——你的理解、你的靈性發展、你的靈魂開展——而不是對方的。重點要放在你正在學習的內容、你正在經歷的一切、你對自己的探索正有何發現。受到療癒、擴展、滋養以及被愛的人是你自己——不是對方。那並不是說對方無法或不會改變，當你在靈魂寫作的過程中轉移而且有所改變時，對方也會隨之回應，但是不要帶著改變對方行為的動機進行書寫。要用深化你對自己的了解的意念來書寫，用探索你自己靈魂的意念來書寫，用與這個聲音私人對話的意念來書寫。不要問對方有什麼不對，要問你自己有什麼不對。

親愛的聲音，

說真的，我希望我能得到一個簡單的「是」與「否」的答案。

我想知道「為什麼是我？」，我也想一窺未來，尤其是好的未來。

而我也非常想知道……有什麼不對。但是我願意放下。

我願意提出不同的問題。告訴我，什麼樣的問題將對我最有幫助？

◆使用強而有力的問題形式

在「同理傾聽」工作坊中，成員經由指導而學會提出「具同理心的問題」。具同理心的問題注重的並非找出事實、做出結論，或做評斷，它所注重的是「連結」(connection)——與你故事的實情連結，與你真實的靈魂連結，與他人的真實連結，與內在的神聖連結。具同理心的問題讓你越來越接近完整而聖潔的自我。

當我聽布萊恩和麗莎談論「具同理心的問題」時，我列出了一張清單，上面列著我提出的兩百多個我聽過或讀過或自己提出的鼓舞靈魂的問題。當我盯著這些問題看時，發現這些問題其實分屬五個不同目的卻彼此相關的類型：「適當察覺」(becoming aware)、「理解與意義」(understanding and meaning)、「靈魂探索」(soul exploration)、「想像與蘊釀」(imagining and incubating)，以及「創造與顯現」(creating and manifesting)。

當你讀到每個類別的問題例句時，請注意那些問題是如何像一股奇妙的吸引力，在你提出問題時，你可以感受到它在聚集力量，加強並吸引你所需要的資訊，而那些資訊來自你的意識心靈、你個人的潛意識、集體潛意識以及更大的範圍。每一道問題都是一座橋梁，連接你現在的地方與你想要去的地方，連接你知道什麼與你想要知道什麼，連接你是誰與你想要成為誰。

請注意，這些問題可以每天、每月或是一年之後重複。這些問題是靈魂的探針，每一次你提問，它們就更加地滲入你的核心。

這些問題並不是你問一次然後就可以標注「完成」，這些問題要慢慢來。每一個問題都會花去你幾天的書寫時間。不要急。這不是一場靈性開悟的賽跑，這是你靈魂的探索。挑一個對你有吸引力的問題，研究一下，直到你覺得已經準備好要問下一個問題為止。咀嚼答案，也要問許多後續問題。

不要因為你認為你應當問才問。不要因為你害怕面對某個棘手問題的答案，就問一個柔性的問題。**不要迴避，要問你真正想要知道的問題**。問問題時，要發自你真實靈魂地去問，如果這意味著要提出一個大膽、棘手的問題，請勇於嘗試。這個大聲音將以與你的小聲音同樣標準的方式回答你，而問題的答案具有的力量，將與你問題能量的力量成同比例。

別擔心結果。釋放要找出「對的」答案的需要。如果你書寫時帶著一種開放的耳朵、一顆想要了解的心，以及一種深層認識，知道無論你寫什麼，你都是平安且被愛的，那麼你靈魂所尋求的資訊將顯現給你。

在初期階段，你可以用一些問題例句來開始對話，但是不久你將發現自己遵循聲音引導的方向。一個問題將帶出一個又一個的問題，而對話將進行下去。一些你未曾知道在自己內在的資訊將出現在紙面上。你將不必受限於要聽「那想要被聽見的部分」。

第一類：能讓你適當察覺的問題

適當察覺是你與這個聲音開始對話的理想起點。這些問題有助你意識到你生命中正在發生的事以及你對事情有何感受。

不要假定你已經知道這個資訊。你不知道。不盡然知道。知道得不夠深入。吐出一些事實然後陳述你的感受並不難，可是那只是表面上的故事與感受。在與聲音的連結中，你能探索故事背後的故事，感受背後的感受，事實背後的真相。起初你會認為這些只是小問題而可以省略不問；不要被騙。它們簡單，卻非常深刻。對你的靈魂來說，它們是必要的起步，有助於你建立故事的基礎——你的完整故事。

▼關於被卡住

- 我覺得是哪裡卡住了？是什麼動不了？
- 這個阻礙是來自我自己還是來自外在？
- 如果不是我，它是怎麼來的？如果是來自外在，它是如何影響著我？
- 被卡在這裡為什麼讓我備受困擾？
- 當我沒被卡住時，我覺得會發生什麼事？

▼關於眼前狀況

- 目前在我面前的是什麼？我需要處理或面對什麼？
- 有沒有必須要做的一個決定？
- 我如何知道那就是我必須要做的決定？
- 我要知道什麼、做什麼、成為什麼或擁有什麼，以做出一個明智的決定？
- 我要如何得到我需要的東西？

▼關於感受

- 此時此刻，我有什麼感受——真正的感受？
- 在那個感受背後的感受是什麼？藏在那之後的又是什麼？
- 我的感受正在告訴我什麼？

▼關於看見

- 我一直不願意去看見的是什麼？
- 我一直希望它走開的是什麼？
- 要發生什麼事才會讓我開始去看，並看得比較清楚與完整？

▼關於自在

- 做我自己有多自在？
- 我何時感到自在？我何時不自在？
- 是什麼造成兩者的差異？
- 要發生什麼事才會讓我自己變得比較自在？

▼關於我的一部分

- 我的哪部分是開心的、快樂的、滿足的？
- 我的哪部分是憤怒的、悲傷的、失意的？
- 我的哪部分是受困的、受挫的、恐懼的？
- 我的哪部分是我喜歡的？我不喜歡的是？厭惡的是？愛的是？
- 我希望更多的是哪部分？我希望少一點的是？

▼關於快樂

- 以一到十的等級來看（十最高），我目前有多快樂？我為何打那個分數？
- 那個分數在告訴我什麼？

- 我生命中有哪個成分帶來快樂，哪個成分讓我不快樂？
- 我一天當中最快樂的時光是何時？說那個特定時刻讓我感到快樂是什麼意思？
- 讓我最快樂的人際關係是什麼？最快樂的目標呢？最快樂的活動呢？

▼關於壓力

- 我的（全部）壓力源是什麼？它們叫什麼名字？
- 在一到十的天平上（十最高），每一個壓力源的強度為？
- 每一個壓力是如何顯現出來的？它何時打擊了我？我在何處感到壓力？
- 我如何知道自己處在壓力下？
- 壓力如何影響著我？我的生活？我的關係？我的欲望？
- 我的壓力情況變好還是變壞了？
- 我必須有何調整才能降低壓力或更有效率地處理它？

▼關於當下

- 在內心深處，我為何在這個時刻和這個聲音交談？
- 此刻我必須要學習、探索、發現的是什麼？

● 靈魂寫作對此刻的我來說，為何是一個重要的靈修活動？

▼**關於改變**

● 什麼改變正朝我而來，像一輛火車行駛在鐵軌上一樣？
● 我如何知道它快來了？
● 這是我第一次認出它嗎？第一次向它致意？第一次承認它？
● 我對這個改變有何感受？
● 我能夠怎麼準備自己？

▼**關於憂慮**

● 我在擔憂什麼？
● 我何時擔憂？當我在擔憂時我怎麼處理？我如何知道我正在擔憂？
● 我的擔憂產生了什麼結果？有什麼改變了？
● 我從擔憂中得到了什麼？我為何堅持？
● 我一定從擔憂中有所獲得，那是什麼？
● 我要做什麼才能停止擔憂？

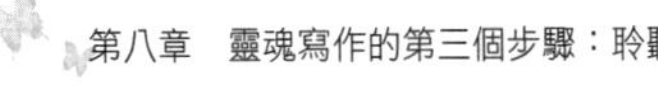

靈魂寫作練習

親愛的聲音，
閱讀這些問題，我已經明白，
我並不是像我想要成為的人那樣地有覺察力。
請你幫助我，
我如何開始去與內心的所思所想有更多的接觸呢？

第二類：能讓你尋求理解與意義的問題

這些問題把你的故事帶進下一個層次——故事之內的意義。這類問題能夠支持你，如同你尋求理解正在發生的事及其意義一樣。當你把自己生命中正在發生的事，以及你如何吸引、創造或允許它，這兩者之間的各種點滴加以連結時，它們就在那裡和你在一起。

這些問題並不容易，通常也不會讓你覺得好受。但是不要轉頭離去。在你問這種問題時，你就是在建造如寇特夫婦所說的新的神經通路。你真的是在改變你的頭腦。想要改善你的生命嗎？從這裡開始。

▼關於轉彎上路

- 我在哪裡？
- 我是怎麼到這裡的？什麼行動引我來到這個地方？
- 我是在哪個階段轉彎上路的？那個彎是什麼？我為何要轉彎？
- 我有哪些選項？我為何排斥或拒絕去看見其它選項？

▼關於分心

- 我是如何阻撓自己不去查看真實的？
- 我做了什麼事讓自己分心？
- 在我分心的時候，發生了什麼事？

▼關於力量

- 如果我打開雙眼並且真正完全誠實地看看我的處境，我將看見什麼？
- 我需要何種力量才能誠實地看？
- 我是否擁有那種力量？
- 我能做什麼才能足夠堅強，去仔細看看我的處境？

▼關於製造

- 我是如何製造這個處境的？
- 我那時在想什麼？
- 我的想法、信念、行動如何製造出這個處境？

▼關於有毒

- 我有哪些想法是有毒的？
- 那些有毒的想法造成什麼樣的損害？
- 我需要轉化的、健康的全新想法。這些想法是什麼？
- 哪些有毒的言語是我重複述說的？
- 我希望我沒有說過什麼話？
- 那些話語造成了什麼樣的損害？
- 我需要新的話語。它們是什麼？它們聽起來像什麼？
- 我做過什麼有害的事？我希望我沒有做過什麼事？
- 什麼傷害已經造成？我今天會有什麼樣不同的做法？
- 這些有害的事為何不斷重複出現？

- 我是否準備好也願意去改變？
- 我必須做什麼以轉化我的想法、言語及行動？

▼關於阻礙

- 是什麼在阻止我表達我的天賦、找出我的方向、過我想要的生活？是什麼在阻礙我，不讓我說出我的事實真相並採取行動？
- 我要怎麼樣才能克服阻礙、把它們推到一邊，或是轉化它們？
- 我為何先前一直不願意去做那個努力？如果現在我願意，是什麼改變了？如果我還是不願意去做那個努力，究竟是為什麼？
- 我要怎麼做才會變得願意？

▼關於模式

- 我所發生的事是與哪方面相關？
- 重複發生的模式是什麼？主題是什麼？它的名字是什麼？
- 這個主題如何持續不斷出現？
- 我一定是從這個模式中有所獲得，否則我不會不斷重複。我從一再處理同樣的問題中得到的是什麼？

● 我想不想停止？真的嗎？

● 為了要停止一再重複的經驗，事情得有什麼樣的改變？

▼**關於成因**

● 引發我恐懼的是什麼？是憤怒？挫折？沮喪？

● 這個成因是在我的環境或人際關係中嗎？還是在我心裡？

● 它從哪裡來的？我第一次經歷到這個成因是什麼時候？

● 我如何認出這個成因？它從我身體何處開始？

● 我如何反應的？

● 我如何才能對這個成因有所覺察，讓它不會支配我？

● 當它再出現的時候，我如何能認出？我可以有什麼樣的不同做法？

▼**關於告訴我自己**

● 我對自己有什麼看法？

● 這個看法讓我有何感受？是真的嗎？

- 你，正在傾聽我的這個聲音，認為它是真的嗎？
- 我希望聲音說些關於我的什麼看法？
- 如果我要在紙上用一句話來表示，我能否每天大聲地說給自己聽？我能嗎？我會嗎？我會做嗎？什麼時候？

▼關於必須／決心

- 我怎麼處理我必須做的事？
- 我為何覺得自己必須做所有這些事情？
- 什麼讓這些事情「缺一不可」？
- 我決心要做的事情是什麼？
- 我「決心」要做的事情以及我「必須」要做的事情之間有沒有差別？
- 我得有什麼改變才能用「決心」取代「必須」？

▼關於對／錯

- 在我的故事、我的選擇、我對事情經過的詮釋中，有什麼是錯的？什麼是對的？
- 這兩者有什麼差別？我怎麼知道這個差別？

親愛的聲音，

為我而擬的這一組問題非常豐富。

我真想要多了解一點。我真想要從我生命經歷當中得到多一點的意義。

我知道除非我改變，否則我的生命不會真的改變。

幫助我理解這些問題在告訴我什麼。

讓我明白，我此刻必須問自己什麼問題？

第三類：能支持靈魂探索的問題

這些問題探索你靈魂的內在範圍。它們像是在海底探測海溝的深海遙控裝置——只是此處這片海洋是你，你的核心，你的靈魂。你是否見過由那些潛艇所發現的深海生命形式的攝影照片？這些新動物有些具有古怪的外形、可怕的毒牙，以及奇異的身體器官在黑暗中自行發光。

你的靈魂探索可能揭露某些意想不到的陰影、深層恐懼，以及令人不解的自我挫敗模式。但是繼續前進，你將發現宇宙的光和愛在你靈魂深處閃耀。

▼關於內在的孤兒

- 我的哪些部分是自己一直不願意承認的？
- 我現在是否願意承認、擁抱它們？歡迎它們進入我的心？為何願意或為何不？
- 如果我決定要愛並且擁抱自己的一切，會發生什麼事？

▼關於等候室

- 當發生令人難過的事情時，我是活在眼前並且察覺及處理，還是在心理上退避到一種「等候室」狀態，直到事情平靜下來為止？
- 什麼樣的事讓我跑到我的等候室？
- 我的生命中有多少時間是花在這個等候室裡？
- 這個等候室策略對我多有效？
- 我可以做些什麼來察覺並充分活在當下，而不是躲藏及逃避？
- 我必須有什麼改變，才會不再躲在我的等候室？

▼關於打破模式

- 我覺得我的生命有一種模式，而我不希望它永遠不變。這個模式是什麼？它在哪裡持續出現？

- 它是何時開始的？它是如何發展出來的？我用什麼方式把這個模式傳遞給我周遭的人？
- 我為何想要（或不想要）打破這個模式？我願意付出什麼代價？
- 我要做什麼改變才能結束這個模式？

▼關於面具

- 我呈現給這個世界的是什麼面具？給我自己的又是什麼面具？給我家人的呢？
- 我戴著多少副面具？
- 人們只見到我戴的面具，還是他們看穿了面具背後的我？
- 我何時是我？我有沒戴任何面具的時候嗎？
- 我何時開始戴面具的？我為何開始戴面具呢？
- 我最想先卸下的面具是那一副？其次是哪一副？再來是哪一副？
- 卸下這些面具將會有多痛苦？
- 我要如何卸下面具？
- 我如何阻止自己在事情一開始不順的時候又戴回面具？

▼關於我是誰

- 當我處在充分、完全、神聖的狀態下，我是誰？
- 上靈創造我是要成為誰？

▼關於害怕

- 我在害怕什麼？
- 我所害怕的背後又是什麼？在那背後的又是什麼？
- 在我的核心，我最害怕的是什麼東西？
- 我害怕什麼事會發生？

▼關於完整

- 我感到完整是什麼時候？什麼讓我感到完整？
- 對我而言，「完整」是指什麼？
- 我目前經歷的事正在引領我走向完整，還是失去完整？怎麼說？
- 那個資訊正在告訴我什麼？我從這裡開始要往哪裡去？

▼關於內在／外在

- 我的外在世界是否反映出我的內在世界？
- 我的生命在多大程度上代表我——我認為的那個我，還是我想要成為的那個我？

▼關於愛

- 我愛什麼？（這個問題不一定要是關於愛誰或哪個人，把重點放在帶給你真正喜悅的本質與精神。）
- 我生命中的這個愛在哪裡？我到哪裡遇見它、經驗它、感受它？
- 必須要有什麼改變，我才能擁有多一點我生命中的所愛？

▼關於尋求

- 我尋求什麼？（不要掩飾這個問題。這個問題可能是你能問的最深刻的一個問題。在迷人的記錄片「偉大的靜默」（Into Great Silence）中，法國阿爾卑斯山脈的一間修道院的院長，問一位要在祭壇接受入門儀式的見習修士一個問題：「你尋求什麼？」修士以清楚堅定的聲音回答：「恩寵。」想一下。那是一個只能來自於靈魂最深處的回答。你不必到修道院生活才能多次思量及再思量你生命中這個深刻的問題。）

▼關於力量

- 我把力量交給誰或交給什麼人事物？
- 我為什麼放棄我的力量？我得到什麼？我是不是仍然從放棄自己的力量中受益？
- 我如何能把力量收回來？
- 為此我將付出什麼代價？我願不願意付出這個代價？

▼關於心之所欲

- 我心裡的真正欲望是什麼？
- 我有沒有擁有它的任何一部分？多少呢？
- 我在哪裡得到的？我還想要多少？
- 要有什麼改變我才能得到更多？

▼關於秘密信念

- 我對於與自己有關以及應得什麼的真實、深層、秘密的信念是什麼？
- 在我的核心，我相不相信我是深深被愛的？我相不相信我值得神聖的指引與恩寵？是什麼讓我相信我是不被愛而且不值得的？

- 要有什麼改變，我才會真正相信我是被愛而且值得神聖的指引與恩寵？
- 我如何能改變我最秘密的信念？（如果你一直想知道你的生活為何不是以你想要的方向發展，就要仔細想想這些問題——深思一下。）

關於不敢問的

- 有什麼問題是我此刻不敢問的？
- 什麼問題是我此刻必須問的？（當你的對話沒有進展時，你覺得受挫，你也感到必須要突破到另一個層次，問問聲音這些超級強大的問題。）

關於目的

- 我有一個神聖的目的，一個存在的理由。那個目的是什麼？
- 我如何能辨別出目的內容？
- 我如何能多知道目的一些？
- 我如何確定我已經找出自己的真實目的，而不只是捏造一個聽起來很棒或吸引小我的目的？
- 當我的人生與我的目的是一致或不一致的時候，我如何得知？

靈魂寫作練習

親愛的聲音，

我想不想真正探索我的靈魂深處？還是我怕我將發現那些深處的怪物？

幫助我，幫助我挑選一個問題來開始這個探索，然後我就可以問這個問題，知道我是受到指引與保護的。我們可從哪裡開始？

第四類：能讓你想像與蘊釀的問題

當你開始去確認你的靈魂欲望與目的後，你會同時感到一種迫切要開始創造一個反映你內在狀態的外在生活，無法再維持現狀。當你的靈魂改變並成長，你會感到目前的生活像是一件越來越緊的夾克，你忍不住要想像一種適合你靈魂的新擴展的生活。

靈魂寫作是一種靈修活動，沒錯，可是它也是一種高度實用的活動。它的目的是要讓你連接指引、力量及工具，你需要它們才能創造你想要的生活——你在這裡要過的生活。

在這類問題中，你是你生活的設計師，和這個聲音玩「假使……會怎麼樣」的遊戲，你在紙上拋出觀念，充足討論，並且逐漸地把重心放在產生共鳴的問題上。當你蘊釀可能性時，它們就合併成為某種更加清楚、更可信、更好的結果。這些問題是你的沙盒、你的工具屋、你的遊戲間，讓你有機會去觀想生活可能會怎麼樣。可是不要忽略那句古諺語：三思而後行。在你投入並開始創造一個新的生活之前，花點時間想想這些關於人生設計的問題。

▼關於願意看見

- 我是否願意去看見自己的一個較好實相？我是否定期允許自己去看見種種可能？
- 是什麼讓我不願意去看見自己的較好實相？還是什麼觀念、情緒、恐懼及經驗在阻撓我，不讓一個嶄新且更加愉快的實相進入我的生活？

▼關於可能性

- 有沒有什麼其他的可能存在？在我的經歷、我的所見以及我目前所想像的範圍之外，還有什麼？
- 這些可能性是真的嗎？我怎麼知道這些可能性是不是真的？
- 我最喜歡的可能性是哪些？我為何喜歡它們？
- 在我的位置與我的可能性之間有什麼落差？
- 我如何關閉這個落差？

▼關於想要的

- 我想要什麼？我真正、真正、真正想要什麼？（就是這個問題）
- 如果我擁有真正想要的東西，我的生活會是什麼樣子？
- 我為何想要這個而不是別的？
- 要有什麼改變，我才能得到我生活中想要的？

▼關於任何事

- 如果我任何事都可以做，那會是什麼？
- 如果沒有任何阻礙而且我可以確實做我想做的事，我會不會做呢？為什麼不會呢？

▼關於力量

- 力量——真實的力量——是什麼？
- 我何時感到有力量？何時是無力的？在我感到有力量的時候和感到無力的時候，二者之間的差異是什麼？
- 我擁有多少真實的力量？我有沒有使用過？何時？
- 這個真實力量的源頭是什麼？或者是我怕這個力量？不讓我擁抱並使用這個力量的是

什麼？

● 如果我擁有某種非常真實的力量，我的生活會有什麼不同？

● 我必須做什麼改變以穩定地接近真實力量？

▼**關於已經解決的**

● 我的生活會是什麼樣子，如果我的問題得到療癒、我的祈禱得到回應，而且我的夢想成真？

● 我會有什麼感受？

● 那樣的生活和我此刻擁有的生活之間有何不同？

● 在我現在的處境與我想要有的處境之間有什麼差距？

● 我真的想要所有問題得到解決嗎？我有哪部分是真的想要那樣的生活，哪部分還沒準備好？

● 要有什麼改變，我整個自我才會想要那種生活？

▼**關於外在／內在**

● 我如何創造一種讓外在與內在相同的生活？我是在哪方面阻擋自己，不讓那樣相配的生活成形？

- 要有什麼改變，我的外在才能開始符合我的內在？

▼如果我愛自己像聲音愛我一樣

- 如果我愛自己像這個聲音愛我一樣，我的生活會是什麼樣子？
- 我會有什麼樣的感受、做什麼事、什麼樣的信念？
- 那樣的生活和我現在的生活有何不同？

▼關於阻礙

- 什麼在阻礙著我不讓我得到我想要的？是什麼觀念？什麼信念？什麼關係？是什麼情緒？什麼疑惑？什麼恐懼？什麼處境？什麼來源？
- 我準備好要開始移除某些阻礙了嗎？我如何知道自己是否準備好要開始移除那些阻礙？
- 如果我移除某些阻礙，會發生什麼事？
- 我會先移除哪一個阻礙？會發生什麼事？
- 其次的呢？會發生什麼事？

▼關於選擇的力量

- 我相不相信我有力量去創造我的實相、選擇好的結果、創造我的生活？我是不是真的相信？真的嗎？我如何知道我相信呢？是真的嗎？我如何知道那是真的？

▼關於證據

- 我有什麼證據我是受到保護與被愛的？
- 我有什麼證據我受到神聖的指引？
- 我想不想要更多的證據？我需要更多的證據嗎？
- 我需要什麼樣的證據？我為何認為我需要它？
- 我如何能夠得到較多證據？

▼關於生成

- 我需要做什麼以顯現我說我想要的東西？
- 我需要思考什麼？相信什麼？說什麼？做什麼？
- 一個顯現而成的生活是像什麼樣子？

靈魂寫作練習

親愛的聲音，

哇，如果我的生活符合我靈魂所欲的話，會是什麼樣子？告訴我，顯現給我看，拜託！這是我想要探索的事。我真的想要開始蘊釀一個美麗的生活。我要如何開始？我是說，我們如何開始？

第五類：能支持你創造與顯現的問題

在最後，只有理論並不足夠；我們想要一個更豐富、更完整、更喜悅的生活——而且不是在某種遙遠的未來。我們在此處就想要它，並且要在此刻。最後這類問題有助於你專注在實用、現實主義的步驟以創造出那種生活。

但是不要太快急於問這些問題。只有當你基於對你心的欲望有深層了解並且對你靈魂目的有深刻信念，你所採取的行動才會有效。缺乏這個基礎，你可能把幾個磚塊拼湊在一起，而事情一開始看起來也可能相當完善，但是接下來當你的建築一震就粉碎時，你將變得沮喪不已。

不要想在這些問題中尋找一個魔術方程式，沒有一種讓人人運作起來都一樣的完美過程。這裡有的是一個機會，在建築上師的指引與指導下，去建造一個美麗的生命。

▼關於需要什麼

- 我此刻的需求是什麼？（把這個問題放在你日記本封面內頁。當你沒有別的問題可問時，就問這一題。它適用於一切時間與一切處境。）
- 我還應該要問什麼問題？

▼關於怎麼做到

- 我心裡有一張關於我想要什麼的照片。我看見它，請幫我建造它。我要怎麼把這張照片變為實相？誰以及什麼能夠幫助我？
- 我要怎麼開始？它會花多久時間？
- 我（我是指我們！）要做什麼改變才能開始？

▼關於不同的思維

- 我在思維上需要做什麼調整，才能有我想要的改變？
- 我如何在思維上維持那樣的改變？

- 我如何知道我又回復舊思維了？
- 我如何知道我正在擴展、往前進、有進展？

▼關於小改變

- 目前我能做什麼小改變？這個小改變將有什麼影響？
- 我是否準備好、願意也能夠去做那個改變？我需要做什麼才能讓我準備好、願意也能夠去做那個改變？我如何知道我已經準備好、願意也能夠去做那個改變？
- 我需要改變什麼來實現那個改變？

▼關於放下

- 此刻我需要放下什麼？我需要釋放什麼？
- 我不再需要的是什麼？當我放下時會發生什麼事？
- 我是否害怕放下？我為何害怕？是什麼在阻擋我前進？

▼關於信任

- 我是否信任我是受到神聖的指引與保護的？

- 我如何知道自己處在信任狀態？信任像什麼樣子？感覺像什麼樣子？
- 我如何知道我不是處在信任狀態？不信任的狀態像什麼樣子？感覺像什麼樣子？
- 什麼是信任？信任是從哪裡來的？
- 要有什麼改變才能讓我有滿滿的信任？

▼關於臣服

- 當我不知道會發生什麼事時，我如何能夠臣服？
- 當我害怕放下時，我如何能夠臣服？
- 安全網在哪裡？有沒有一個安全網呢？我如何能夠認出這個安全網？

▼關於差距

- 這裡和那裡之間的差距是什麼──「我有什麼」和「我要什麼」之間的差距是什麼？而「我是誰」和「我想要成為誰」之間的差距又是什麼？
- 彼此有差距的這些事物有多強大？它們有什麼比我還大的力量？
- 我要如何從這裡走到那裡去？我如何能夠跨過那個差距？

▼關於一件事

- 我今天必須停止做或開始做的一件事是什麼？
- 當我做出那個改變時，將發生什麼事？
- 我如何能夠持續下去？
- 如果我步上軌道或偏離軌道，什麼會讓我知道？
- 要是我改變主意了呢？

▼關於原諒自己

- 我需不需要原諒我自己？為什麼？
- 為何我想要／需要原諒我自己？
- 我願不願意原諒我自己？我準備好了嗎？我如何知道我準備好了？
- 我打算如何原諒我自己？
- 我如何知道我已經真正原諒我自己了？將會出現什麼線索？

▼關於原諒對方

- 我是不是需要原諒另一個人？為什麼？

- 原諒這個人為何重要？它會造成什麼不同嗎？
- 不原諒會如何影響著我？
- 我是不是願意且準備好要原諒了？我如何知道我願意原諒而且準備原諒？
- 我打算怎麼做？
- 我怎麼知道我已經真正地原諒了？

請不要把這些問題當成主要清單，從頭做到尾並且一一核對。這些只是靈魂探索問題的一些例句。我提供這些類別與例句，是要幫助你理解如何形塑問題以激發出宇宙的回應。當你運用這些問題時，你將打造出一個有能力提問的自己，可以問出特定的、真實的、有意義的問題。最強而有力的問題是從你、你的故事以及你求知的欲望而來。

靈魂寫作練習

親愛的聲音，

好，我準備好要開始從我現在的處境前進到我想要的處境。

指引我。現在，需要發生什麼事才能開始呢？

經歷問題

當你詢問深層且豐富的問題時，你開始明白，問題與答案的關係並不是一直線；它比較像是一個盒子。你明白，**答案是在問題裡面**。當你請教聲音一個問題，資訊開始從你的筆端快速流出，而且多半的資訊是（意想不到！）更多的問題。每一次你來到一個新的地方，有所了解、有所學習、有所認識，你就發現還有更多要探索、要揭露、要學習的事。所以你的問題也是永無止境。這些無盡的問題是個好事，它是靈魂寫作的美麗奧秘之一。

當你領悟到其實沒有一個最終的答案，只有對於你在此處要過的生活進行越來越深的探索時，你就會停止尋找「黃金答案」。這裡有個矛盾：**當你停止尋找答案時，你就開始得到答案**——撼動靈魂、大開眼界、改變人生的答案。

愛因斯坦說過，我們無法用和問題同一層次的思維來解決一個問題。好吧，追求一層一層的靈魂探索的問題，你的思維就不得不改變。那就像是你換了一個不同的腦袋、不同的眼睛、不同的耳朵、不同的心智。當你提出深層意義的問題，你就是以鷹眼角度從五哩上空俯看自己。你見到的是你從被俗世捆綁、被自我捆綁、被所謂正確答案捆綁的觀點所得不到的資訊。

向聲音重複詢問這些種類的問題，而你的思維以及你的生活就會改變。但是要有耐心，允許對話以你靈魂的步調來出現。當你把注意力放在「就是**這個**答案，它會修正我的生活」時，那個「完美的」答案就會變成沙子，從你的指間滑落。

里爾克（Rainer Maria Rilke）在〈給年輕詩人的信〉（Letters to a Young Poet）中，對此有最優雅的表達，那是他於一九二九年為鼓勵一位十九歲的作家而寫：「親愛的先生，我想求你，盡我所能，對你內心未解的事要有耐心，也要試著去愛**問題本身**，彷彿它們是上鎖的房間或是用外國語言撰寫的一本書。」

不要找答案，答案現在不會給你，因為你還沒能去經歷它們。重點是要去經歷一切。現在就**經歷**問題。或許那時，將來有一天，你將逐漸地在你的道路上經歷答案。

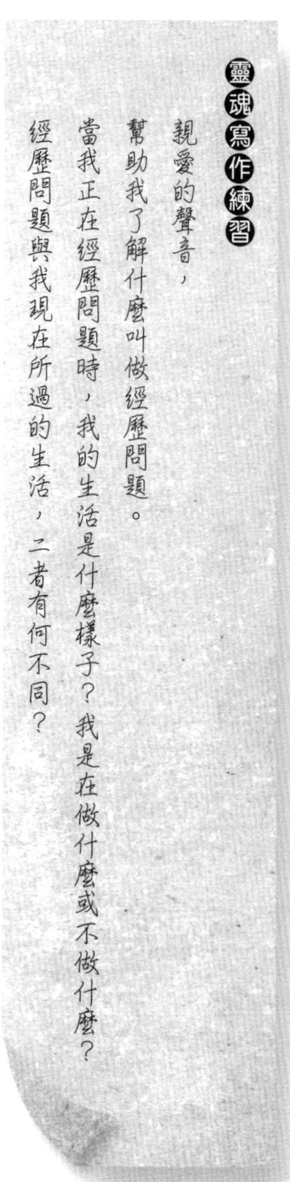

靈魂寫作練習

親愛的聲音，

幫助我了解什麼叫做經歷問題。

當我正在經歷問題時，我的生活是什麼樣子？我是在做什麼或不做什麼？

經歷問題與我現在所過的生活，二者有何不同？

捕捉你的洞見

當你提出問題、並且經歷問題時，你就已經把你生命中經歷的點點滴滴、你的相關感受，以及這些經歷的意義等串連在一起。當你從自己的故事中推論出意義，在你進行靈魂寫作時，洞見（insight）就會持續地湧現在紙上。你獲得前所未有的觀念，你揭露出重複的模式，你開始理解自己某些行為的原因。你也獲得重要的洞見，了解你的靈魂開展與成長的方式。

你要在這些豐富珍寶從你的靈魂湧出時，捕捉住它們。不要以為因為那一刻它們對你而言是重要且有意義的，你就不會忘記。你會的。當你的書寫加深，豐富的新觀念就會迅速湧出，而且往往你的意識心靈也無法（或不想要）記得它們。畢竟，這些洞見都是新的，而所有這些新洞見都即將創造改變，在這個過程中，你內心的批評家與舊的神經通路都將大吃一驚。所以重要的是，去找出一個方式去捕捉那些洞見，並且在持續的反省與研習中持守它們。

有些作家發現，與別人談話幫助他們澄清並召喚出他們新的洞見。如果你通常是這樣「大聲思考」或「腦力激盪」，謹慎選擇你的友伴。如果對話擴展並且強化你的洞見，讓你有所刺激並且提振，你就會知道你正與自己靈魂的一位真正朋友進行交談。另一方面，如果你必須辯解你的過程、捍衛你的觀念，或是對話後讓自己恢復鎮定，那麼就找一位不同的友伴或考慮用其他的方式來捕捉你的見解。

有些作家會留一本小筆記本在身邊，隨時草記他們的特殊豐富見解。當他們想要瀏覽那些見解時，在小筆記本上重讀是很容易的，這樣就不用特別在大日記本上過濾以找出特定的段落。

我知道有些人使用這個方式特別順手，但是我個人並不想特別準備另外一本筆記，然後在上面書寫。在我經歷離婚的那些年，每當我有某些特別深入的想法浮現時，我就會寫一張便利貼，並把它貼在某一頁日記旁邊。我那些年的日記書寫特別狂野，有成打成打不同大小及顏色的便利貼黏在不同頁面旁邊。

最近，我有了一個比較好的主意。我稱它為「在左邊的洞見」（Insight on the Left）。我只在日記本右邊頁書寫我與聲音的每日對話，當我發現我正聽見要記得的重要訊息時，我會在左邊頁面上很快地書寫幾個字。當我書寫完畢，我看看左邊內容，同時在我喝水時複述我的祝福與見解。

任何時候我想要回顧自己過去這一週、這個月或這一年的收穫時，我就會瀏覽左邊頁面內容。它們是我靈魂的學習精華。

靈魂寫作練習

親愛的聲音，
我想要捕捉和你一起進行靈魂寫作而得到的洞見。
我們應該怎麼做呢？

找出你的祝福

當你提筆書寫時，你就是在打開一份禮物——其實是好幾份禮物。一開始你能見到的禮物就只是一個大大的舊紙箱，上面貼著你的名字。這個紙箱就是**你的故事**，而且可能是悲傷、艱難、寂寞、充滿壓力、痛苦萬分的故事。這個故事可能是關於虐待、疾病、拋棄、被拒、忽略、奮鬥、離婚或死亡。當你打開那個紙箱並探索你的故事，你就發現裡面是另一個箱子。

這第二個箱子，在這個表面凹凸不平的紅色鐵箱內，裝著**你的衝突**。每個故事，如任何劇作家、編劇、小說家會告訴你的，都有衝突。拿走衝突，你就拿走了故事的命脈。正是衝突給予劇中人物機會去與生命接觸以及與彼此接觸，並且透過磨擦而得以學習與成長。小心地打開第二個箱子並剖析裡面的東西。在你探索的時候，你將發現你的衝突的真面目，它如何出現在你的生命中，以及你如何回應。在你的衝突某處，有一把開啟你靈魂旅程的大鑰匙。

在你的衝突裡深入挖掘，就會找出第三個箱子。這個箱子看起來比較有點希望，至少它看起來比較像是一份禮物。它的包裝是你喜歡的顏色，但是蝴蝶結打得很緊，而且上面的緞帶很難移除，你必須用大把力氣才能拿掉這些包裝材料。你明白這份禮物就是**你的主體**。你越探索這份禮物，你就越認清你的主體，也越明白它是如何一再地重複出現在你的工作、你的家庭、你所有的人際關係、你與金錢及事務的關係——甚至是你與這個聲音的關係——之中。

當你確認了你的主體，你就會發現第四個箱子。這個箱子很美麗。它是以淺藍色錫箔紙包裝，有一個大的精美銀色蝴蝶結。箱子裡是**你的靈魂正在學習的所有事物**。

在你學習的事物的最深處，是你最後的禮物。它是金色的包裝，而且閃閃發光。圍繞這個箱子的帶子並不是緞帶——而是純粹的光。箱子內是**你的祝福**。這個箱子裝有你在這裡的理由、你正在發掘的理由、你在書寫的理由。

不要期望你在每次書寫時都要拆開這五個箱子。在任何一次書寫時，你做的可能只比刮掉一捲塑膠帶稍微多一點點而已。在我寫作練習的第一個月，我只是看著這個大紙箱，而一旦明白那個紙箱是給我的，我就大叫著說：「不！不！我不要這個箱子！這不是我要的生命！把它拿走！」我花了好長時間才把該死的箱子打開並開始挖掘。我也花了好幾年的靈魂寫作才拿到我的發光祝福箱子，並且知道它屬於我。

所以要有耐心。你在你所在的地方，而且你所在的地方是好的。事實上，你無法在其他地方。你無法破壞外箱，瘋狂地把東西堆到一邊，以抓取那個金色箱子。為什麼？因為你的祝福是在你的學習**裡面**，而你的學習是在你的主體**裡面**，你的主體是在你的衝突**裡面**，而你的衝突是在它們會在的唯一地方——你的故事**裡面**。

信任這整個過程，並且知道你正走在正確的道路上，然後，在完美的時刻，你將會碰到那個金色箱子。當你拿到它時，你將回首自己的靈魂旅程，並且說：「實在是太好了。」

靈魂寫作練習

親愛的聲音，

我目前正在探索哪個箱子？

我對自己目前身處的靈魂探索階段有何感受？

我是否滿意自己目前的處境呢？

當你感覺該停止時，就停止書寫

無論一個書寫經驗多有力量，在某個階段你必須把筆放下，回到日常生活。書寫是一種支持生活的靈修活動，但它不是要替代生活。那你如何知道何時要停止書寫呢？

黛比．藍（Debbie Lane）是一位得過獎的催眠師，她在書寫時就遇到時間的問題。從第一次寫作練習開始，她就發現自己能輕易進入瑟塔波及潛意識狀態。她的書寫是這麼深入而快樂，以至於她完全忘了時間。這對她的靈性生活很好，但對她的專業生活就不是了。與客戶的兩次會面都遲到之後，她開始使用計時器來讓自己回到意識狀態。

像黛比這樣的人必須隨時留意時間，但是對我們其他人而言，是要靠感覺來知道。你會經驗到一種被聽見的感覺（抱歉我無法多作描述；那是一種靈性的感覺，不是身體感覺）：也許紙上會出現一點點的智慧；也許出現的是答案或是豐富的新問題；也許沒有事情得到解決，但是你仍覺得滿足，知道幫助就在途中。總之，當一種平安的感受降臨時，你就「知道」今天的書寫完成了。

允許你自己去追隨那個本能，當書寫讓你知道該停下來時，就停止書寫。這種感覺會隨你的練習而越加清晰。關鍵在於**不要太快停止**。如果你發現自己屢次在對話尚未完成之前就停下來，或許是因為你和你內心的批評家害怕你可能收到的指引，所以在這個聲音回答之前就打斷對話。如果你認為自己停得太早，那就安排幾段長的書寫時間，並用高感應（high-vibration）的問題來請教聲音，如：

- 我在害怕什麼？
- 我為何要把你打斷？
- 我不信任你嗎？
- 我為何不信任你？
- 或者我不信任我自己嗎？
- 我為何不信任自己去聽你並知道怎麼做？
- 我能做什麼去產生這個連結並且讓它維持開啟狀態？
- 我如何幫助自己做好準備並願意去聽你說話？
- 當停止書寫的時刻真的來臨時，我如何認得出來？

親愛的聲音，

我是否太早结束？我是不是把你打斷了？

表達感謝

當你結束書寫時，你要明白你已經接收到了神聖溝通。這是要真誠感謝的事，所以請用對你有意義的方式來說謝謝。當本恩歸結我的阿卡莎解讀時，她說：「我想要感謝上師及老師們，為了他們此刻的愛、智慧與指引。」以有力的方式來結束一次書寫的句子就像是：「謝謝你，為了你今日給予的愛、智慧與指引。」

我的寫作速度很快，所以我結束的方式也非常迅速。我會在頁面下方寫「TYG TYG TYG」，那是代表「謝謝你，神。謝謝你，神。謝謝你，神」。教我把水加入寫作儀式的希維亞，只寫「謝謝」。其他寫作者則快速畫一個梅式圈來表達感謝，因為它是靈魂寫作的代表圖示。他們用那個方式在說：「我對你說，你也對我說。」

用你自己的獨特方式來實驗，表達你對聲音的感謝。即便只是微笑並點點頭都好。

靈魂寫作練習

親愛的聲音，

我想要為了我們的連結以及我接收到的智慧與指引，表達感謝。

我要怎麼感謝你，才是一種有意義又獨屬於我們之間的方式呢？

簽上你的名字

在你結束你的日記書寫之前，簽署你的名字。我知道這一點聽起來很愚蠢，因為這個聲音絕對知道你是誰，這麼做似乎沒有必要。

但是，記不記得靈魂寫作的第一個步驟「現身」？你用一個敬語「親愛的＿＿＿＿」開始，彷彿你是在寫一封信。嗯，以署名方式來結束你的書寫是同樣的道理，署名是一個標記，指出你現在完成了個人與宇宙的溝通。我個人是用縮寫的「J」作為結束，多娜．佛南（Donna Vernon）以「愛你的女兒，多娜」來結束，其他寫作者，則以他們為自己靈魂寫作所創的符號來結束書寫。

靈魂寫作練習

親愛的聲音，
我們該用什麼方式來結束對話？
我想在書寫最後簽上能代表我自己的名字或符號，
告訴我，我要簽署什麼來結束書寫呢？

你的結束儀式

從你的開場儀式中找出你結束儀式的線索。例如，如果你書寫的開場儀式是用一個祈禱開始，你可以用祈禱來結束。如果你是用舉起書寫的手開始，你也可以再舉一次。如果你是觀想宇宙的愛之光，你可以再次觀想這道光流經你全身。如果你觸摸自己的第三眼，就再觸摸一次。如果你是使用飲水來深化這個經驗，當你緩慢而有意識地喝水時，就重複你從每日書寫得來的洞見與祝福。如果你點蠟燭，把它吹熄。

接著，闔上你的日記本，把它放在一個安全的地方，然後踏入你白天或夜晚其餘的生活，知道你是受到祝福與被愛的。你也知道，這個聲音在明天同一時間等候你們的下一場對話。

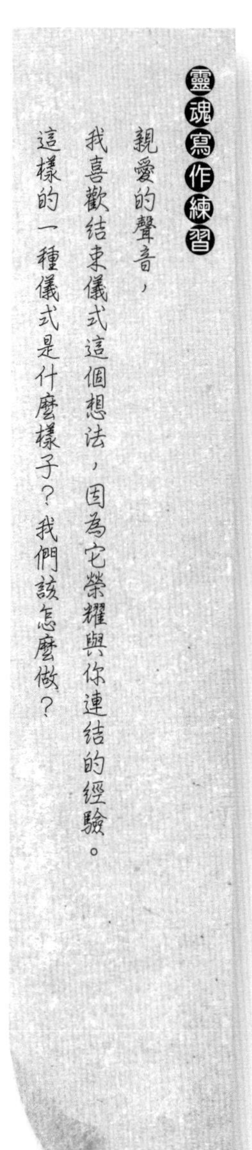

靈魂寫作練習

親愛的聲音，

我喜歡結束儀式這個想法，因為它榮耀與你連結的經驗。

這樣的一種儀式是什麼樣子？我們該怎麼做？

靈魂寫作練習
我的感謝陳述：
我的簽名：
我的结束儀式：

第九章

靈魂寫作的第四個步驟：貫徹

靈魂的目的是要接收指引——重點的、個人的、特定的指引。為了要收到那個指引，到目前為止你已經完成了三個步驟。你**現身**與這個聲音建立關係，你**敞開**自己的心並且用心說話，你也**聆聽**由你的問題所啟動的聲音以及落在書寫紙上的宇宙智慧。現在呢？對於接收到的指引，你要怎麼處理呢？你絕對不能置之不理。唉，你是可以這樣做，但是很蠢。你為什麼要費心地請求聲音的指引，收到了之後卻轉身說：「嗨，謝謝，可是我想我還是繼續用我自己的方式好了。」

你來到這個交會點上不是沒有原因的。這個聲音對你發出邀請，而你的靈魂做出回應。你推開了宇宙那扇大門，瞥見這個宇宙供應的美妙筵席。你微笑品嘗著，說：「再多一點，拜託。」而你所得到的就是再多一點：更多的問題、更多的想法、更多的靈感——以及更多的指引。

在靈魂寫作的最後一個步驟——貫徹，你擁有美好的機會把指引帶入生活中。而且你猜怎麼著？你是唯一有此機會的人。這個聲音能夠提供世界上一切指引，但是唯有**你自己**採取行動，你的生活才開始改變。但是這就引出幾個相當重要的問題。你如何知道你的指引是真實的？你如何知道紙上的訊息是這個聲音的智慧，而不是你或你內心的批評家在胡扯？而且就算你認出這些文字的真理，你怎麼知道要怎麼做？而且有什麼證明可以說這整個靈魂寫作的過程會讓情況不同？

「貫徹」就是在回答這些問題。我將分享許多方法，那是從我和其他靈魂寫作者認可、證實以及執行指引而得到的。但是請不要認為這些就是你能做的唯一方式。當你們的關係深入時，你和聲音將發展出你們自己的方法以及一組個人的符碼和相關的私人象徵符號。你將發現對話隨時都在，不只是在你書寫的時刻。如同阿卡莎記錄的上師與老師們所說：「要建立起關係的潛能永遠都在那裡。」那意思是說，這個聲音並不局限在紙上，你也不要局限自己。你有各種豐富的進行方式以保持溝通管道日夜開啟。讓我告訴你一些我喜愛的方法。

認出你的指引

在你覺得可以自在地採取任何行動之前，你需要有信心，感覺你正在接收的指引是真實的。我請教柏曼夫婦，當有人在和好工作坊中正經歷轉變時，他們如何知道。布萊恩說：「當有人聯繫上一個深層內在事實，尤其是與他們意識面、表達的信念相反的事實時，他們會湧出淚水。」我經常在教會時經歷這種淚水。當牧師說出某種充滿真實的道理，會眾有一半以上似乎都和我一樣，掏面紙拭淚。但是真實的眼淚並不局限於靈修場所。當你發現自己是以眼淚回應電影中某一幕、小說某一頁、收音機裡某一首歌，或

者只是突然浮現一個想法，你的靈魂正在發出「認出」（recognition）的訊號。

麗莎・柏曼分享了另外一個方法，讓你認出你與真實的連結正在發生。「彷彿就像你有一個汽球，而你用一根針刺進去，汽球破了，你有一種釋放感：啊。」我也有過這種感覺。有時候，當我闔上日記本時，我發現自己一直是屏息的。我深深吸一口氣，然後吐氣。這個釋放往往是一個線索，告訴我已經透露的訊息是重要的、有意義的、真實的。或者我發現自己在點頭，無意識地點頭是對內心會意的另一個外在徵兆。

有時候，當我在紙上傾訴我的靈魂時，我全速前進，從內心深處提出問題，我的心神如此專注，以至於對話和我合而為一。在這些時刻，我的眼睛不再停留在紙上。說得更確切一點，我的眼睛，尤其是第三眼，是**在書寫紙之內，在我的心智之內，在我的靈魂之內**。當我處在那個內在空間，我不知道自己是否正在探索個人潛意識、集體潛意識、阿卡莎記錄，或是其他空間。我也不知道自己是否在阿爾發波或那些輝煌的神秘瑟塔腦波狀態。我確定的就是，我正連結到某個親愛且有智慧的存有，而且是它移動我的筆。這種靈性層面的感受會稍縱即逝，卻非常真實。當它發生的時候，紙上湧現的訊息是極度真實、而且正是我需要聽見的。

希維亞在上完第一次課程的兩週之後，由於一次筆動（pen-moving）的經驗而成為一位堅定的靈魂寫作者。她寫電子郵件給我，分享事情經過：

當我在書寫時，我的筆好像取代了我。「它」說我正用自己的方式在打斷這個書寫。它已經是我擠進日常行程的事，在我的待做清單上的新增項目。我的「筆」還說，書寫其實是一件非常溫柔而且親愛的活動，因為當我想要或如果我想要的時候，我自己就可以進行。

書寫是我可以讓自己浸淫、探索、考察、回味的活動。它是一種免費卻又無價而且無可取代的享受。它是我當下就可以進行的最豐富活動。我怎麼會想要匆促呢？匆促地書寫可能是一種自我霸凌的形式，好像在說我並不值得一樣，好像它在說：「讓我趕快完成我知道重要的事，這樣我就可以得到我認為重要的事。」我對於那樣的生活方式感到相當厭倦。我和你分享這個經驗，因為我想讓你知道，書寫正在為我所做的事，而且令人興奮不已。

認出指引不一定要像筆動那樣的戲劇化。事實上，它也完全不一定要是身體上的。多數時候，它是一種溫和的感受，你和某個真實的存有之間的一種共鳴感。那種感覺就像是你正在往前一步靠近你的完整而聖潔的自我。沒有其他任何人看見，但是你知道它正在發生，而且那是相當美好的。

當你書寫時，察覺到你的靈魂如何表達那個認出的經驗，以及與真實接通的方式。

也許是流淚、深深吐氣、點頭，或是你在日記本左邊頁面所捕捉的洞見。也許你的經驗完全不一樣。無論它看起來或感覺上是什麼，結果都是一種**知**。正如阿卡莎記錄的上師與老師所言：「你們連結是毫無疑問的。如果有人說：『證明一下你與某物是連結的。』你會說：『沒有必要。我就是知道。』」

但是要是你不知道呢？要是你覺得困惑呢？要是你的指引看起來很古怪、可怕，或是很難呢？那時又該怎麼辦？對初學者而言，請呼吸。知道你是平安而且被愛的。再多呼吸幾次。

靈魂寫作練習

親愛的聲音，

我要如何認出我的指引？我要如何知道那個指引真的是給我的？

我從我的頭腦、我的心、我的身體以及我的靈魂得到什麼線索？

請求澄清或證實

請求聲音為你澄清的方式有許多種。開始在書寫紙上提出高速（high-velocity）的問題。這類問題如下：

- 我不懂。這是什麼意思？
- 我需要多知道一點。我如何能多學一些？
- 我要如何才能知道這是從你而來的？
- 這個訊息為何現在來到我面前？我為什麼先前沒見過？
- 我是不是把這個訊息聽得很清楚、看得很清楚？你想要我看到的訊息是什麼？
- 這是不是真的？這是不是真的要給我？我要如何才能知道這真的是要給我？
- 如果這是真的，這個訊息為何如此可怕？

你有無數方式可以請求聲音為你澄清說明。你也不必立刻全數使用，你可以在隔天或隔週、隔年再回到某個想法上，繼續書寫，直到你感到你的指引有穩固基礎為止。

另外一個有力的澄清方式就是夢境。透過夢境你能得到關於你靈魂所知與所欲的豐富訊息。當我苦苦對付某個問題時，我時常趁自己在自然入睡前、陷入瑟塔波狀態時對聲音提出一個問題。始終不變的是，我醒來後，對於正在發生的事、它所代表的含意，以及我能做什麼以往前進，都有新的洞見。

當戴安娜上完第一堂寫作課回到家後，她有一種迫切感，當天晚上就要開始書寫。下次上課時她告訴我們事情經過：「文字像河流一樣源源不絕，無法停止。我發現自己書寫著三段婚姻，並且一次又一次地問：『那是怎麼回事？那是怎麼回事？那是怎麼回事？告訴我，我寫著，我想知道。』最後，我睡著了。那個晚上我做了一個夢。夢中我和三任丈夫見了面，而隔天早晨，我帶著全然的清明醒來。」

並非所有夢境都是如此的深刻，但是每個夢都是有關你的靈魂正在努力的事的線索。如果你想和這個智慧之泉做朋友，在你入睡前請求澄清，然後把你的日記本或筆記本放在床邊，隔天清晨當你處於半夢半醒之間的瑟塔波狀態時，把你所記得的夢境內容草記下來。如果你不懂或是某些意象讓你感到震驚，不要訝異。對聲音訴說你的夢境，你們同心就能決定要如何詮釋。

靈魂寫作練習

親愛的聲音，

請幫助我理解我的夢境。

我請求澄清關於……而我在夢境中見到的是……這是在告訴我什麼呢？

這些象徵符號是什麼意思呢？我的靈魂正在學習什麼呢？

你也可以在祈禱中請求澄清。我喜歡的請求指引的禱詞是：「你發光，我就會追隨。」在我做任何進一步行動之前，我請求（唉，好吧，是**要求**）聲音的照亮。這個禱詞我說了許多次，但是有些時候當我需要較大的指引，我會用真實的力量來進行這個祈禱。但是請注意！這是一個危險的、改變人生的祈禱。因為一旦道路清晰，你就得上路，因為你已經許諾了。當聲音支持答應的事，你就必須開始上路。我很歡迎你借用我的禱詞，但是我鼓勵你去找出你自己的禱詞。你和這個聲音可以一起發展出來。

澄清的光的出現形式，往往不是弧形光束照耀在要你走的那條路上，而是把那條不要你走的道路的門關上：那分工作你沒有被錄取。她搬走了。他不回電。他們不接受你的提案。銀行拒絕你的請求。交易失敗了。你沒有入圍。所有我們稱為「倒霉」的那些事情，其實可能是好的指引——而且是這個聲音在書寫紙上澄清或確認其智慧的另一種方式。

我和兒子在他就讀高三那年的秋天，就有這麼一個深刻的關門指引的經驗。傑瑞很早就向他渴望就讀的著名大學提出申請，在可能收到錄取通知的最後一天，我們收到了一封厚厚的信。他興奮不已，但是我心煩意亂；學雜費是一場災難。我不知道自己如何才可能付得起。但是他對於自己被錄取是感到如此驕傲，而且他也很想就讀。我開始做我的「你發光，我就會跟隨」祈禱。我一天至少祈禱五次，並且把我的問題交給聲音。

兩個月之後，這所名校取消他的入學許可。傑瑞一蹶不振，我繼續書寫與祈禱。春天的時候，他被一所小型的學校錄取，這所學校與他的學習風格比較一致，而且——這是個大禮——他收到一大筆獎學金。當我們初次參觀校園時，我們兩人都明白這對他來說是一所完美的學校。

喬依，這位心碎的美容師，也有過一次關門指引的經驗。未婚夫離開她之後，她就陷入了孤立狀態。有四個月的時間，她獨自一人坐在家裡，在電腦前玩接龍遊戲。奇怪的是：她幾乎每次都贏。接龍是她的世界中的一個小角落，在這裡事情不會出錯。

喬依也開始進行靈魂寫作並且去看治療師。四個月之後，她非常感謝我教她書寫：「書寫運作的方式真是不可思議。我現在明白這整件事情儘管如此痛苦，卻是必須發生的。我其實很高興它發生了。我已經領悟到關於我自己，如果他留下來的話，我不可能領悟這一點。我的治療師說我的進展相當快。但是現在——這點非常奇怪——無論我坐在這裡多久，我一次接龍也贏不了。」我不知道她的天使是怎麼做**那樣**的安排，但是他們肯定是在喬依需要的時候，給了她一個安慰的地方，然後在她準備好要往前走的時候，就把門關上，還把門也上了鎖。

靈魂寫作練習

親愛的聲音，

我很想要……，

但是無論我怎麼做，它就是沒發生。

這是倒霉事還是好的指引？我該怎麼分辨呢？

你也可以透過牌卡如塔羅牌、神諭卡或天使卡來尋求澄清或確認。有這些牌卡，你在祈禱中提出一個問題，然後挑選一張，那是以一種象徵照片或關鍵字方式的形式給予你回答。使用牌卡以求澄清是有效的，因為萬物都是能量——我們是能量，牌卡也是能量——而所有能量在零點能量場中都是連結一起的。你、我、我們的日記本、我們的神聖工具——我們都是連結在一起的。所以我們個人的能量可以與某副牌卡作者的能量意向產生共鳴，給予我們所尋求的澄清。

在不曉得兒子會就讀哪所大學那幾個月的困惑期，一位友人送我一副由朵里安·瓦秋(Doreen Virtue）所繪的女神指引神諭卡(Goddess Guidance Oracle Card)。我一看牌卡，就被帶回到九歲的自我——喜歡玩聖卡（holy card）的我。我祝福了女神卡並且開始抽牌。但是每一次我問「我目前需要知道什麼來幫助我的兒子」，我都抽到同樣的一張牌，吉祥天女（Lakshmi），主司豐饒的印度女神。牌卡上的訊息寫著：「不要憂慮，一切都會順利的。」好吧，從我坐的地方開始，一切看起來都不順，但是我聽見宇宙某處有人已經知道我一切都會順利，總是讓我覺得好過一些。當我第三次還是抽到吉祥天女牌之後，我笑了出來，拿起日記本來，寫著：「好吧。我懂了。我聽到了。一切都會順利的。很抱歉我有懷疑。謝謝你照顧我們。」

某些宗教領袖對於使用牌卡或其他神諭工具，並不贊同。他們可能推薦信徒打開他們的宗教聖典，看看神要給他們的訊息。無論你是隨機地從某個聖典中挑出一段或是隨機地抽出一張牌卡，你都是在做同樣的一件事，因為把你和聖典連結在一起的能量，與把你和牌卡連結在一起的能量都是相同的。

書籍也可以是澄清的一個有力來源。你是否注意過，一旦你聽過某一本書，你隨處都見到它而且每個人都在談論它？那就是宇宙要引起你的注意。在三個人都告訴我他們喜歡伊莉莎白・吉兒伯特（Elizabeth Gilbert）的《享受吧！一個人的旅行》（*Eat, Pray, Love*）之後，我買了那本書。我一直為一個可怕的想法感到掙扎，我認為自己也許是這個星球上唯一因為靈魂寫作生命得到拯救的人——果真如此的話，我寫一本關於靈魂寫作的書究竟是在做什麼呢？我需要再度確認這個聲音是真的，而且靈魂寫作可以療癒人。在吉兒伯特的書中，我找到了答案：

「我愛你，永遠不會離開你，我會永遠照顧你。」

那些是我在那本個人的私人筆記本中曾經寫過的話語，我從那個時刻開始就帶著這本子，在接下來的兩年裡我也多次回到那一頁，請求幫助——而且總是找得到它，即使當我正處於極度悲傷或恐懼時。而那本筆記本充滿了愛的許諾，則是我生命接下來幾年得以倖存的唯一理由。

當我讀到那個段落，就掉下眼淚。伊莉莎白．吉兒伯特使用和我同樣的書寫技巧去與她自己的靈魂取得聯繫，神聖意識（divine consciousness）也以對我的同樣方式來回應她。那確實是我需要的澄清與慰藉，我低聲說：「謝謝你。」

希維亞比較喜歡的澄清方式是簡短閱讀《奇蹟課程》的練習手冊。有年夏天，她正在努力要理解如何為家族事業帶來新的收入來源：

當我努力要解決某個問題時，我書寫我的欲望以及正負面期待。我明白負面期待是相當大的阻礙，我需要在紙上看見這部分。我書寫自己想要改變的欲望以及正負面期待。我的負面期待令我自己感到驚訝：我的先生不會聽我說，他不想要感到我比他聰明。我並沒有出現任何答案，我只是把它們都寫出來。那個早上我讀到的《奇蹟課程》

訊息是「無論我求什麼，我都會收到」。而那就是接下來所發生的事。我從未對他說過一句話，但是幾天之後我的先生說：「你知道的，希維亞，我們真的需要改變。」

有時候在你尚未打開某本書之前，你就已經受到它的吸引。你是否曾經走進一間書店或圖書館，然後一本書就掉到你手中？那就是指引。你是否曾經看著一本書的封面而感到迫不及待要閱讀那本書？那就是指引。還記得我可愛的大丹狗在走廊上拖著《創作，是心靈療癒的旅程》嗎？那絕對就是指引。當一本書召喚你時，打開它。它或許是聲音輕輕拍著你的肩說著：「這就是要送給你靈魂的一點智慧。」

就如牌卡與書籍能澄清並擴展我們與這個聲音的連結，動物也可以是祝福與訊息的渠道。一開始，你可能認不出牠們的訊息，但是如果你夠常與牠們相遇，最後你就會認出來。

我的動物使者是一隻魚鷹。當我醒來明白我的先生令我害怕的那一天，一隻魚鷹飛到我臥房窗外那棵樹上。幾天之後，我開始明白，魚鷹的出現可能有個目的。我在醫藥卡（Medicine Card）中查找鷹，這副牌卡的基礎是北美印弟安人傳統，傳授教導動物的力量與智慧。根據醫藥卡，鷹是上靈的使者。我拿起日記本就開始書寫。「親愛的神，謝謝你給我的魚鷹。告訴我，你為何派牠來。」

我的守護者日夜都待在那裡，即使是暴風雨的天氣，牠也緊抓著碼頭上方八英呎高的一根窄樹枝。我入睡前走到碼頭，在我的守護者凝視下進行我的禱告。有時候我會往前跨一呎遠，只是想聽聽牠壯麗的羽翼拍打發出的嘶嘶聲，可是接著我就覺得抱歉，往後退，牠就會回到停留的枝幹上。白天牠會從棲息處，在房子後方一艘帆船的桅杆高處對著我叫。我會跑到後院去，讓牠知道我很好。一年半之後，我簽下房仲契約，要把房子賣掉。那一天，我走到戶外，待在碼頭上我的老位置。「你已經完成保護我們的美麗工作，」我在淚水中對著我的守護者說：「謝謝你，但是我再也無法留在這裡了。我必須把房子賣掉。我們很平安。你現在可以離開了。」牠展開五呎半寬的雙翼，飛走，而且沒有再回來。

愛蜜莉，這位突然離開芝加哥的年輕女子，和我分享她反覆出現的一個關於蛇的夢境。在夢中，每個人都怕一隻黃色的大蛇，但是她把蛇移到路邊讓其他人可以通過。在我還未告訴她蛇代表轉化之前，她說：「你知道嗎？我一直在書寫關於這個蛇夢，而且我覺得這隻蛇是一個象徵，代表我是如何進行轉化。我在現實生活中不想要見到蛇，但是我喜歡在夢中見到蛇。」

無論是出現在現實生活中或夢境裡，動物都可以是強大的象徵，為我們靈魂所提出的重要問題傳遞神聖訊息。當你希望從書寫之外得到對某件你一直在與聲音進行探索的事的澄清或確認，試著請求見到以動物形式出現的答案。如果你已經與某種動物建立關係，就請求見到那種動物。如果你還沒有與動物使者建立關係，就請求聲音幫助你。有關協助認出與理解動物使者，參考醫藥卡或是泰德．安德魯斯（Ted Andrews）的《來自動物界的訊息》（*Animal Speak*）。

靈魂寫作練習

親愛的聲音，
我喜歡擁有動物使者這個想法，我覺得我已經準備好了。
讓我們來談一談吧。

一旦你表達出自己對於動物使者抱持開放的態度，請開始留意。當你的使者出現時，問：「你為什麼在這裡？」當我在路邊發現一隻死魚鷹時，我就是這樣問的。我才剛買下新房子，也一直因為錢的煩惱在半夜裡醒來。我一直請求聲音幫助我馴服焦慮，雖然我已經接收到某些令人安慰的訊息，它們似乎都撐不住我的靈魂。我不斷請求更多的幫助。

然後有一天，我開車回家的路上，看到路邊有一隻死掉的魚鷹。我不忍心讓這樣一種美麗的鳥類曝晒在豔陽下，所以把牠帶回家並輕輕地放在廚房流理台上。我靠近看著牠，為牠的美麗與力量所折服。突然間我把手放在牠的胸口。「我知道你的出現是有原因的。告訴我。」然後我拿起日記本，與聲音有了一場快速熱烈的對話：「魚鷹是什麼？一種捕魚的老鷹。老鷹是什麼？一位使者。魚是什麼？基督的象徵。基督還說了什麼話？不要怕。」在提筆書寫的片刻內，我得到了訊息——而且正是我需要的訊息。

在那個故事中，還有另外一種形式的指引——共時性（synchronicity）。我在路上見到魚鷹的前幾週，在教堂聽到一課關於耶穌最常說的話。當我請教聲音，魚鷹有什麼訊息給我時，我在意識層面上並沒有那一課的記憶。如果我沒有聽過那一課，我對於魚鷹的訊息是否還會得出同樣的結論呢？我不知道。但是人生中似乎有許多經驗都是在只能被描述為神聖指引的時機點下發生。當你每天進行靈魂寫作時，你將與你生活中許多共時性有更多的調和。

靈魂寫作練習

親愛的聲音，

有件奇怪的事剛發生，我不認為那完全是意外。

我想在那當中有你的影響。事情發生的經過是這樣的……

一旦你變得更加意識到某一類的神聖支援——無論是夢境、牌卡、書籍、動物、共時性——你可以開始注意到宇宙指引與支持你的其他方式。

這些方式有很多種：可能你比較注意音樂、藝術、自然，或與朋友的對話。也許你開始比較意識到你靈修傳統中的天使與聖人，或是已過世親人的愛與支持。也許你開始注意到你生活中重複出現的數字。

對我來說，那個數字是十一。我在十一月十一日立下我的誓約。我的魚鷹使者在二〇〇〇年二月十六日降臨，這個日期的數字加起來也是十一。在我辦理離婚手續的期間，似乎每一次我看時鐘時都剛好是十一分。一旦我開始注意十一，它們似乎就無所不在。在我看來，那是一種提醒，讓我知道我是安全且被愛的。去年春天，當我把平台上躺椅的靠墊拿下來清洗時，一角一分掉到磚地上發出叮噹聲。我微笑著低聲說：「謝謝你。」

數字對你是不是一種澄清以及確認的形式？不確定嗎？問問聲音。有關協助認出數字的意義，可以參考丹·米爾曼（Dan Millman）的《生命數字全書》（*The Life You Were Born to Live*）。

靈魂寫作練習

親愛的聲音，

我好像常常看到某個數字。

它是不是你給我的訊息呢？那代表什麼意思？

當你請求澄清而貫徹聲音說過的事，那個澄清會以無數形式出現。你要如何才認得出什麼是給你的澄清，什麼不是？要注意，如果某件事感覺對了，或至少引起你的好奇，那就去做。否則，就放下。如果這個宇宙和你溝通的某個方式明顯讓你覺得不自在，請求另一個方式。只因一個訊息或使者對一場靈魂談話是深入且清楚的，並不代表那就是對的工具。關鍵是要注意與尋求。最終你將到達你所知的那個難以形容卻受到祝福之地——而且你知道你是知道的。

靈魂寫作練習

親愛的聲音，

我察覺到我正在接收訊息。

我如何才能認出我的指引？

相信你值得，並給予自己許可

你一闔上日記本，宇宙的所有祝福與指引都可能在等著你。這個聲音可以安排一連串奇蹟，把通往豐饒的大門解鎖，安排巧合，並且在你行經的道路上置放訊息。但是，除非你對於看見、聽見、接收訊息抱持開放的態度，否則任何美好的招手都不會引起你的注意。你如何打開自己，迎向聲音所要提供給你的一切？

就從允許你自己踏進通往這個聲音的接收大宅開始，爬上階梯，如果你有點膽怯的話，就用你的手來敲一敲這扇優雅的大門。當你站在那裡，看一看所有的精細鑲工，允許你自己去想要更多、期待更多，並且相信你值得更多。允許你自己去請求並接收奇蹟。給予自己許可真的相當簡單：你不是相信你值得，就是相信你不值得。你不是感到值得就是不值得，不是被愛就是不被愛，不是受到指引與保護就是受到審判與懲罰。你不是覺得打開這扇門，走進去並且接收宇宙的禮物是可以的，就是覺得你應當在外面等候某個權威人士給予你許可——你總覺得必須要贏取的許可。

◆「我值得」的練習

這裡是一個快速練習，幫助你決定你是否準備好要敲那扇輝煌的大門。請讀一讀這個「我值得」清單中的每一項，並在你深深相信的項目上打勾。只在理智上承認這些項目還不夠好（因為我們從靈性、神學角度及其他方式都知道這些項目說的是真的），你要從你的直覺層面來承認它。注意你身體的反應方式。如果你的心溫暖地跳動說「好」，並且你臉上展露微笑，就在那個項目上打勾。如果你的雙眼微微斜視，或你的胃緊縮，或是你在腦海中聽見一個嘲諷的小小聲音說「是沒錯啦……」就繼續往下讀。

□我值得擁有一個更好的生活。

□我值得找出通往我想要生活的那條道路。

□我值得感受上靈指引的手。

□我值得請求奇蹟。

□我值得快樂。

□我值得住在一個美麗的家。

□我值得身體健康。

□我值得處於一段親愛、有承諾的、友愛的關係裡。

□我值得和＿＿＿擁有親愛的、歡樂的、和諧的關係（填上兒你的孩子、手足、朋友，或任何人的名字）。

□我值得擁有一份帶給我喜悅、意義以及財富的工作。
□我值得擁有財務自由與安全感。
□我值得接收到宇宙的豐沛祝福。
□我值得擁有一段和宇宙神聖的真實、充滿活力的關係。
□我值得為我的錯誤與罪過而被原諒。
□我值得活在平安中。
□我值得成為完整。
□我值得受到療癒。
□我值得成為聖潔的。

進行得如何？你是不是在大部分的項目上都打勾？如果不是，花點時間研究一下你沒有打勾的項目，問問自己與這個聲音，你為何認為你不值得這些美好的事。

別跳過或匆促完成這個關於值得的練習。還記得那些把你困在舊生活方式的堅硬的舊神經通路嗎？你正碰巧發現某些相當大條的通路，而你很幸運，現在你知道它們是哪些了。所以你如何改變它們呢？答案就在你還沒準備要相信你值得的事情**裡面**。

靈魂寫作練習

親愛的聲音，

好吧，我值得的練習很有趣——而且嚇到我了。我不打算再進一步，除非我們談談這件事。我為什麼不相信我值得呢？你得幫幫我！我需要注意什麼？我需要學習什麼？我需要知道什麼？讓我知道。告訴我，因為我想要開始值得。

檢查一下你在這張「我值得」清單上沒有打勾的項目，挑選四或五項，不要選太多。從小一點的事情開始，並且在你努力要改變你世界的一切之前，先增強你的靈性力量。

書寫四到五項你最大的煩惱或恐懼原因，或是你目前最需要幫助的事情，把每一件事情編號，並以「我值得……」的句子起頭。在每一句「我值得」的項目裡有三個欄位，請在第一個欄位描述你目前的現況，在第二個欄位描述你想要什麼，而在第三個欄位請書寫一個句子，以現在式描述你想要的人事物，彷彿你已經得到它一樣。這整張圖表就是你的「我值得」計畫。

為了協助你開始這個計畫，我先給你看我的第一個計畫內容（見下頁）。

▶珍妮的「我值得」計畫

1. 我值得和我前夫維持一種和諧的關係

我現在有的	我想要的	我實現後的樣子
我恨他，他也恨我。我希望他生病，他也找到新的方式來一直傷害我。我們的兒子嫌惡訪視。情況一團亂，必須停止。	我想要能夠談談我們的兒子，一起做決定，一起參加學校活動。我想要我們把注意力放在為傑瑞著想。我想要傑瑞想見父親並且能享受在一起的時光。我想要我的前夫有足夠的金錢支付子女撫養費，但是我希望他不要在法庭上再繼續攻擊我。	我的前夫的境況完美，大家都很平安、和諧，而且富足。

2. 我值得住在一個美麗的家

我現在有的	我想要的	我實現後的樣子
我和兒子住在一間昏暗的老舊公寓，家具配備破舊。唯一的「藝術品」就是掛在長沙發那面牆壁上的廉價鳥類金屬製品。	我想要住在一間有許多窗戶的房子裡，並且牆壁上有真正的藝術作品。每個進入我們房子的人都感到平安與愛。我在屋子裡希望感覺快樂。	傑瑞和我住在我們的理想家園裡，這裡充滿了美麗、愛、光與活力。

3. 我值得接收到宇宙的豐沛祝福

我現在有的	我想要的	我實現後的樣子
我不斷擔心害怕金錢。我擔心無法送兒子去讀好的學校。我擔心我們的未來。我擔心各種要付的帳單，至於退休儲蓄——那真是一場災難。	我想要天堂打開，並且掉下財富。我想要讓兒子有很好的教育。我想要不再為我們的未來感到焦慮。我想要有錢能投資。我想要為金錢做出好的決定。	我是這位完全愛人、完全付出的父母神所心愛的子女。此時此刻我已準備好，願意並且值得去接收我所繼承的權利。我滿心感謝地接收、充滿喜悅地享受、有智慧地投資，並且恰當地分享這份宇宙送給我的慷慨禮物。

4. 我值得擁有帶給我喜悅、意義以及財富的工作

我現在有的	我想要的	我實現後的樣子
我在老舊公寓中醒來。我很寂寞。我的工作量不夠。我不太喜歡現狀。我看不到我有做什麼真正重要的事。對於賺夠用的錢一事，我沒有任何進展。	我想要從我熱愛的工作中賺取好的收入。我想要寫作，我想要透過寫作來改變現狀。我想要在合夥關係中工作。我想要能夠把錢給那些曾經幫助過我的人和機構。	我正從事我熱愛的工作，我努力的成果令人快樂，而且我為自己、家人、我的夥伴、我靈修的源頭，以及所有我們服務的人士創造財富。

▶我的「我值得」計畫

好，現在換你了。這是一張「我值得」項目的空白圖表。你可以影印你需要的份數，並且在空白處填上你的答案，或是把它當成一種範本，在你的日記本中使用。

1. 我值得__________

我現在有的	我想要的	我實現後的樣子

2. 我值得__________

我現在有的	我想要的	我實現後的樣子

3. 我值得__________

我現在有的	我想要的	我實現後的樣子

4. 我值得__________

我現在有的	我想要的	我實現後的樣子

現在，在表格最後一欄填上句子，把它變成你的「我值得的祈禱三明治」。

一開始，說出關於那讓你深受感動的宇宙神聖，這句宣言就是你的「麵包」。我的宣言是這樣的：「我住在神的平安與力量中，知道一切都是根據神聖意志的安排。我是安全而且被愛的，傑瑞也是安全而且被愛的。」這個麵包宣言提醒我，我是受到指引並且受到保護的，我的兒子也是如此。這個宣言在每個情況下都是真的，而且每次我用這個句子祈禱總是給我撫慰。

你的麵包宣言可以是任何事，從一句來自你宗教傳統的信心祈禱（像是那個美麗的句子「以色列啊，你要聽，我們神是獨一的主」）到你從某本書讀到的深奧真理，到某一首詩句，到你與聲音對話所產生的某句話。不要焦心於要找出完美的開場宣言。無論你選擇什麼句子，它都是你目前靈性意識的一面鏡子；只要你喜歡，隨時都可以更換。

在你的開場麵包宣言之後，寫下四到五個「已實現」的句子。它們可以說是你的祈禱三明治裡的肉片、起司、蔬菜以及調味料。接著再寫下你的麵包宣言來結束。

「享用」你的祈禱三明治只需要花兩分鐘時間。但是，它的效用真的很強大！一天兩次或五次或十次來捲起你的祈禱三明治，那些堅硬的神經通路就沒得選擇，只能瓦解。

請注意，在進行你的祈禱三明治的最初幾個月，你會覺得自己像個傻子一樣，因為這些宣言沒有一句是真的——當然了，那時它們還沒成真。可是，千萬不要掉入使用未來式祈禱的陷阱裡：「我**將是**安全與被愛的。我們**將會**住在理想的房子。我**將會**從事理想的工作。」如果你用這種方式來祈禱，那麼它們何時才能在現在成真呢？請記得，我們的潛意識無法區分過去與現在。對潛意識而言，時間永遠是現在——因為，如同我們在同理傾聽計畫與量子物理學所學到的，**時間永遠都是現在**。所以，縱然這個尚未實現的宣言似乎全然像個謊言，請用這一刻一切已成真的方式來進行你的祈禱三明治。

下頁是我的禱告三明治，我用它渡過自己的黑暗時期。

我從一九九六年十一月開始進行我的祈禱三明治。我持續調整用詞，但是基本的概念在接下來三年時間並沒有太多更動，因為我的需求都一樣：和我的前夫和睦相處、一個美好的住家、財務保障，以及快樂的工作。每次我更動用詞，就會把禱詞列印出來，一份放在書桌上，一份放在床邊。我每天早晚各進行一次祈禱三明治，每當我感到害怕時，也會進行這個祈禱。

有一天早上，我在新家醒來，陽光從尚未裝窗簾的窗戶灑了進來。習慣使然，我在眼睛尚未張開時，在心裡進行祈禱三明治。當我說到有關「住在我們的理想家園裡，這裡充滿美麗、愛、光與活力」，我就張開雙眼，並望著凱．卡爾森（Kay Carlson）的那幅鮮豔畫作「香豌豆之花」。

「我的天啊！」我倒抽一口氣：「我們**正是**住在理想的家園裡！這裡光線充足，這裡

▶珍妮的「我值得祈禱三明治」

麵包	我活在神的平安與力量中，知道一切都是根據神聖意志的安排。我是安全與被愛的，傑瑞也是安全與被愛的。
火雞肉	我的前夫境況完美，大家都很平安、和諧，而且富足。
生菜	傑瑞和我住在我們的理想家園裡，這裡充滿了美麗、愛、光與活力。
蕃茄	我是這位完全愛人、完全付出的父母神所心愛的子女。此時此刻我已準備好，願意並且值得去接收我所繼承的權利。我滿心感謝地接收、充滿喜悅地享受、有智慧地投資，並且恰當地分享這份宇宙送給我的慷慨禮物。
美乃滋	我正從事我熱愛的工作，我努力的成果令人快樂，而且我為自己、家人、我的夥伴、我靈修的源頭，以及所有我們服務的人士創造財富。
麵包	我住在神的平安與力量中，知道一切都是根據神聖意志的安排。我是安全而且被愛的，傑瑞也是安全而且被愛的。

▶我的「我值得祈禱三明治」

麵包	
火雞肉	
生菜	
蕃茄	
美乃滋	
麵包	

充滿美麗、愛，以及活力。」我在感恩的祈禱中感動不已。

我所有的祈禱宣言最後都成真了——甚至是關於和我前夫和睦相處一事。我依舊早晚都進行祈禱三明治，只是現在我的肉片和蔬菜是我的兒子、我的書寫——還有你。

換你了。創造你的「我值得祈禱三明治」，加上顏色、圖畫、別緻的字體——任何你喜歡的內容。把右邊的表格複製幾份，放在你隨處會進行祈禱的地方：你的床邊、你的日記本裡、車子裡、你的工作場所。每天早晚都讀一讀。在你進行靈魂寫作之前或之後也讀一讀。無論何時何地，你需要提醒自己關於你和這個聲音正在創造的美麗人生時，就讀一讀。

◆「給自己許可」的練習

給予你自己許可為何重要？如果那是我們正在談的祝福的話；沒有我們的許可，聲音難道就不能提供嗎？這樣講似乎也對，不過事實上，**如果你不相信你值得，好事不會出現**。那就像是你請求某件事並且把左手掌心向上去接收它，同時卻又把你的右手往前直伸出去，像個憤怒的交通導護吹著口哨：「停在這裡！」你的好事無法通過那個警察。生命的豐富筵席可以在你面前擺出來，但是如果你不把你的「不行」手臂放下，你就什麼也收不到。

親愛的聲音，

我是否有一個嚴厲的交通導護不讓我接收我想要的事物？

我要怎麼樣才知道自己有沒有一個導護？我如何防礙了我自己的路？

你要如何給自己許可，去接收這個聲音要提供給你的事物呢？以下練習是一種開始的方式。讀一讀這張許可清單，在一些讓你想要握拳並喊叫「是的，我願意！」的項目上打勾。跳過會讓你吃驚或緊張的項目。當你一邊閱讀時，你可能會一邊想到新的項目，在清單最後加上它們。

□我允許自己去分辨對我有益和對我無益的事。
□我允許自己去放下不再適合我的事情、觀念，以及人。
□我允許自己做不同的思考。
□我允許自己講不同的話。
□我允許自己有不同的行為。
□我允許自己隨處見到指引。

□我允許自己認出我的指引。
□我允許自己追隨我的指引。
□我允許自己去原諒我自己。
□我允許自己去原諒那些傷害過我的人。
□我允許自己請求那些我傷害過的人原諒我。
□我允許自己想要更多。
□我允許自己要求奇蹟。
□我允許自己期待奇蹟。
□我允許自己認出我的奇蹟。
□我允許自己去接收並感謝奇蹟。
□我允許自己感覺有價值。
□我允許自己快樂。
□我允許自己對於一些讓我不快樂的事情說「不」。
□我允許自己相信我是安全與被愛的。
□我允許自己去愛以及被愛。
□我允許自己活在信任中。

□我允許自己處在一段真實、有承諾的愛情關係中。

□我允許自己知道我是完全愛人、完全付出的造物主所摯愛的兒女。

□我允許自己過著身為親愛宇宙所摯愛的兒女的生活。

□我允許自己＿＿＿＿＿＿＿＿。

進行得如何？你全部都打勾嗎？一半？一些？幾項？挑選你感受特別深的項目，把它們寫在你日記本裡類似以下圖表的左邊欄位。這些項目就是你的穩固根基。無論何時，當事情不穩定或讓人害怕時，就再讀讀它們，知道你走在穩固的地面。

接下來，把令你有點昏眩的項目寫在右邊欄位—你「還沒準備好」要允許自己的事項。你**想要**允許自己有這些事項嗎？你如何才能**開始**允許自己？如果你還沒有答案，別擔心。

這裡有一個方法讓你給自己許可——這個方法對我和許多人而言都很有效。看著鏡子裡的自己，並且說：「你很珍貴而且重要。我允許你去……」以某個你還在掙扎的許可項目來完成這個句子，或是用一種涵蓋一切的許可，例如「我允許你活在喜悅中」或「我允許你去請求並接收宇宙的祝福」或「我允許你明白一切都很順心」。

如果像這樣的抽象宣言太過於令人不知所措，就從小一點的事情開始，例如：「我

▶我的許可項目

我完全允許我自己去：	我還沒準備好要允許自己去：

允許你去做不同的思考。」

多數人覺得這個練習令人痛苦。第一次嘗試練習時，我就畏縮並且把眼睛閉上。連續兩星期我都是閉上眼睛才說得出口，直到我鼓起勇氣看著走道悄聲地說出這些句子。我花了三個月時間才能帶著活力與堅定的眼神，大聲說出來。

我目前的許可宣言是這樣的：

你是珍貴而且重要的。
我允許你快樂。

現在，書寫你的許可宣言：

你是珍貴而且重要的。

我允許你＿＿＿＿＿。

把這些話說出來的副作用是很巨大的。「你是珍貴而且重要的」是任何人都可以說的最親愛的話。它讓我無法呼吸。和經常被誤用的「我愛你」相比，這句話承載的衝擊力更大。可是我們要先無條件地愛自己，才能擁有我們想要的無條件的愛。

每一次你對自己輕輕說出這句充滿愛的話語，你就等於拿著榔頭敲碎貼有「不夠討人喜歡」、「不夠好」、「不夠吸引人」或「不夠聰明」等標籤的舊神經通路。人人都有一個「不夠」的洞。無論你的「不夠」是什麼，「你是珍貴而且重要的」這句話用某種超越「夠好」的事物來消除並置換掉它。因為事實上，「夠好」還是不夠好的。我們想要而且值得的，比「夠好」還要更多。

靈魂寫作練習

親愛的聲音，

我有什麼是「不夠好」的？

每一次你拿起筆來與聲音談話，或進行本書裡的任何練習時，你就是在建造靈性力量。尤其是當你做這一個練習時，你就是在擴展自己愛人與被愛的能力。持續說這句「你是珍貴而且重要的」，直到你知道它已成為你存在的核心為止，有一天你將聽見這個世界的某個人也在說這句話。

允許你自己去過一種充滿愛與喜悅的生活，是一種深刻的練習。不要跳過這個練習。當你給予你自己更充分且更豐富的許可，你將發現你與聲音的對話更加深入而豐富。當你對這個練習的信心擴大時，你也將發現你的手與心擴展得越來越寬，你將開始請求並接收某種更豐富的禮物——我們稱為「奇蹟」的禮物。

請求奇蹟

到目前為止，你從靈魂寫作中已學到如何真心地說話、如何提出問題，並且接收與認出紙上的指引。但是這種神聖對話能否更進一步呢？它能否引出奇蹟？

奇蹟是難解之謎。我們總是不停談論奇蹟，例如：「我女兒熬過了初中，真是個奇蹟。」、「童子軍今年得需要一個奇蹟。」、「要哈利叔叔過感恩節而不喝得爛醉，得需要奇蹟才行。」、「對我們多數人而言，奇蹟幾乎是一個滑稽的名詞。」

可是，奇蹟也是一個承載力量的名詞，傳達神聖的非凡表現，諸如：舊約裡長老亞伯拉罕（亞巴郎）的妻子撒拉（撒辣）的故事，她在相當年邁時才懷孕；摩西分開紅海；耶穌用某個兒童的幾口午餐就餵飽了群眾。那些奇蹟是如此巨大而成為整個宗教的基石。我們確實對於那些奇蹟感到自在，因為它們是如此古老，但是我們其實不認為那樣的事現在可能發生在我們身上。

事實上，任何人隨時都可以得到奇蹟。它們是以兩種形式出現。第一種奇蹟觀點是生命本身就是一種奇蹟。愛因斯坦曾以優雅的方式表達過這個看法，他說：「過生活有兩種方式，一種是無事是奇蹟；一種是凡事皆奇蹟。」

想想看，如果我們每個人每天都抱著凡事都是奇蹟的觀點來生活，人生會是多麼美麗！這個世界會洋溢著愛與歡樂。但願我能說我總是透過愛因斯坦的眼睛來看這個世界，可是我必須定期提醒自己，生活在這個藍色的星球上，本身就是個奇蹟。我必須提醒自己，我的身體是一個奇蹟，我的朋友們是奇蹟，我的兒子也是個奇蹟。和別人一樣，我太輕易就陷入憂慮與恐懼中。

憂慮和恐懼是我為何定期需要第二種奇蹟的主要原因——我需要就在此時此地，立即讓情況變得更好的奇蹟。正如你從我的故事中得知，當我的人生遭遇挫折時，我請求好幾個立即發生的奇蹟。而我總是接收得到，儘管當時我並不太清楚我在做什麼。

如果你打開一些宗教經典，讀讀大型奇蹟的經過，你將明白**奇蹟有一個標準公式**：**需要**，**請求**，**知道**。首先，某人感到非常害怕。其次，這個人向他的神聖源頭說出類似這樣的話：「瞧，我知道情況不太可能，但是我需要這個奇蹟，而且就是現在，所以給我。」接著就來到重要的部分，所謂的奇蹟製造者。一旦你做了請求，就不用再做其他的事。這是個關鍵。請求的人為何不用再問、再做呢？因為請求者**知道**他的請求已經在處理中，就像一個聰明的小孩在主日學校對心靈作家安妮．拉莫特（Anne Lamott）說的：「你做你能做的，然後你就讓路，因為作工的不是你。」

聰明的小孩。她說的對——挑重擔的是神。你的天使操縱電腦中的接龍遊戲，或寄支票，或是安排巧合。你只要說出口，說你需要幫助，這個宇宙就會收到這個振動並且給予回應。

靈魂寫作練習

親愛的聲音，

如果我相信凡事都是奇蹟，

我的人生會是什麼樣子？

我們都很擅長奇蹟公式的前兩個部分：感到害怕並且呼求幫助。那麼為何我們很少有人經驗到奇蹟呢？是因為公式的第三個部分——**知道**的部分。耶穌解釋得相當清楚：「凡你們禱告祈求的，無論是甚麼，只要信是得著的，就必得著。」（馬可福音 11:24）。換言之，你要**知道**你的祈禱已經得到回應、知道奇蹟已經出現在這裡。

最終，你會變得非常適應於神聖的愛的力量，以至於你會放棄需要或害怕的部分。以洞穴裡的但以理（達尼爾）為例，他被丟入獅子的洞穴時，並未四處奔跑喊叫，因為他**知道**耶和華不會讓獅子張口。或者拿耶穌在暴風雨中的船上為例，他的門徒認為船就要沉了，所以把他叫醒並求他**做**點事。他看著風，相當平靜地說：「不要動。」他只說了一次，並沒有重複地說。他也不呼求，他沒有叫風往那裡吹或做什麼事。他就是**知道**暴風雨會停。

如果你知道你已經有奇蹟，你無法不感到感謝。一開始的恐懼感會迅速消失，完全融入在感恩的歡樂中。但是往往當我們請求奇蹟時，我們相當懷疑奇蹟是否真的會降臨。我們不斷糾纏上靈，詢問事情要怎麼進行，同時我們又持續自命不凡地要自己來做。我們不但告訴神聖我們想要什麼，還要求它應當要像什麼樣子、應當要何時出現，以及應當是誰把它帶來。總之，我們顯然就是完全**不知道**。

在我的黑暗時期，我對於整個「請求知道」的過程變得相當自在。因為我沒有選擇。可是當我的生活改善後，我就停止這個請求的活動。在二〇〇七年五月，我有機會去重新拜訪這個深刻的靈修活動。我的問題很簡單：我沒有足夠金錢來支付當月的開銷。自從我請求一個奇蹟以來，已經過了很長一段時間，所以我不確定自己是否還記得怎麼做。那些黑暗時刻出現的奇蹟感覺是如此遙遠，讓我懷疑它們是不是真的發生過。

我在那天早晨，對著聲音書寫了很長一段時間，我提出請求並接收。我回顧我先前收到的奇蹟，記得「知道」是個關鍵。但是那就帶出一個問題：要是我**不知道**呢？那時我該怎麼辦？這個聲音說無論如何要相信。來到知道之所在的唯一方式，就是要放下所有自然的、正常的、世間的懷疑，並且踏入一種信任的狀態。換言之，如果你完全無法做到去相信，至少把你的懷疑先放在一邊。

「你相不相信我愛你？」聲音問。「是的。」我寫道。「你相不相信我照顧著你？」「是的。」我寫。「那麼就相信它，知道就將追隨。」當我書寫時，我的老朋友——信任與知道——溫柔地回到我的身體。我準備好了。我告訴聲音我需要什麼並書寫著：「我不知道你會怎麼安排，但是我知道你會做，因為你總是安排，而且你總是做到。我是安全而且被愛的。」我感到非常安詳——不是那種在知的層面上領會安詳，而是真正的安詳深入我的骨髓。我就是知道一切都會很順利。我闔上日記本，走到我的書桌前，並且到我的網路銀行去處理我可以支付的款項。在那裡，螢幕頂端，有一筆意外的存款一千兩百美元。我微笑著並且輕聲說：「謝謝你。」我充滿感謝，但是並不驚訝。

你需要奇蹟嗎？你準備好要請求了嗎？你認為你值不值得請求？你是否給予自己許可去請求？你相信這個神愛你並且照顧你嗎？那麼就提出請求。請求知道這個聲音聽見並回答。請求信任對你有益的事就在這裡——即使你還看不到。請求知道你已經接收到。請求知道你是一個受親愛宇宙所摯愛的兒女。因為那就是你。

我在兒子九歲時曾經問他一個問題，並從中學到一個豐富的課題。那是一個週四晚上，當時他哭個不停。隔天是和他父親在一起的一個週末連假的開始，一想到要去他父親那裡，他就承受不住。這事我無能為力。我無法終止這個探視，也無法哄他或對他說一切都會沒事。我想安慰他，所以我試了新的方法。

「親愛的，」我說：「你可以和你父親的高我（higher self）談一談。」他擤擤鼻子，看著我。我向他示範在胸口下畫一個三角手印的方法。他從床上跳起來，雙手合併且姆指朝上。「現在，從你的高我，召喚你父親的高我，告訴他，你有何感受以及你的需要。」傑瑞就閉上雙眼，用他內心深處的智慧說：「爹地，我愛你，可是你知道你無法照顧我。這個週末我不想去。明天請不要來接我。」他睜開雙眼，親我一下，然後就爬回床上。他一下子就睡著了。

半個小時後，他的父親打電話來，說：「我身體不太舒服，這個週末請你照顧傑瑞好嗎？」我的兒子在多年後告訴我，他召喚父親的高我一共五次，有四次他的父親都取消探視。

對兒童而言，這種請求知道是很自然的事，但是對大人而言，要駕馭則需要時間。我們已經用一生的時間去建造舊的神經通路，告訴我們一些想法如「我不值得」、「奇蹟沒有發生」、「我得爭取才能得到一切」、「人生很辛苦」、「還是不夠」。

如果這些錄音有任何一個在你的頭腦裡播放，請對自己有耐心。從注意它們開始。當它們出現時，請求聲音用真實的某件事來替代。然後寫下來，書寫幾遍，直到你相信為止。「我值得。奇蹟出現。奇蹟每天都出現。這個宇宙提供的。生命很美好。人人有分。」

靈魂寫作練習

親愛的聲音，

我相不相信奇蹟？我相不相信我值得去接收奇蹟？或者我覺得我必須每件事情都得靠自己爭取而來？幫助我理解。這件事很重要，因為我想要我的生命變得更好。我靈魂深處對奇蹟有什麼想法？

如果相信這些事對你是一種掙扎，那就請求幫助、請求指引。和聲音談談它，探索你自己固執地堅持不放棄的部分，那些自我防衛的思考模式，是它們讓你退出宇宙為你準備要你品嘗的筵席。

凱倫是一位單親媽媽，她把握機會去請求一個奇蹟。多年後，她對自己說，還不夠。她買東西給自己的小孩，但是從不花錢在自己身上。當奇蹟的主題在靈魂寫作課程上討論時，她決定嘗試一下。她寫道：「我想要太陽眼鏡，而且不是那些廉價、一元商店裡的眼鏡；我想要真實的事物。」隔天她在工作上一個比賽裡贏了一副價值一百五十美元的雷朋眼鏡。她說：「聲音的動作好快！」凱倫說這個有趣的奇蹟給了她動力與信心，去探索自己關於金錢的課題。「這將會是深層的工作，」她說：「但我準備好了。」

現在，你試試。請求某件事物。請求某件你需要的事物。以知道的心情來請求。請求，知道你總是而且也永遠被愛。請求，知道這個聲音只想要給予。

接著，什麼都不要做，只要相信這件事已經在處理中。不欺騙，不偷窺，不要跑進廚房去查看神煮的菜。如果你感覺自己一定要做點事（這點我完全理解，什麼都不做是最難的事），你可以對聲音說：「我知道你正在處理這事。先謝謝你對我的照顧。」讓這話成為你新的祈禱文。把它加入你的祈禱三明治裡。每次當你感到有衝動要跳入並自己來製造奇蹟時，就唸一遍這個禱文。

靈魂寫作練習

親愛的聲音，

我準備好要請求一個奇蹟。我把它完全地交給你，沒有附帶條件。

我知道你會提供這個奇蹟或甚至更好的事物，來讓一切有最好的發展。

我知道你會在完美的時間點上提供這個奇蹟。我的請求是這樣的：

你的奇蹟將會出現。也許並非以你期待的形式或在你想要的時間點上，但它將會出現。這個宇宙已經給予我與我前夫和好的奇蹟，而且是以我能想像得到的最小形式出現，像是他文明的舉止以及每月一張四百三十二美元的撫養費支票。還不錯，可是什麼都比不上我收到的奇蹟。所幸這個聲音看見並給予我們的，比我們所能想像的還要多。

保持奇蹟管道的開放，你就會發現愛因斯坦看透一點：**每件事都是奇蹟**。

追隨你的指引

靈魂寫作是關於接近內在智慧以及接收指引。所以，最後的問題——而且是個大問題——就是，你要拿那個指引怎麼辦？

對初學者而言，就是要注意它，接著採取行動。可是請記得：這個指引是清楚的，並不總是意味著追隨它是容易的事。

二〇〇六年時，我接收到我初次在城外的開課邀請。這個時間點並不理想，那段時期我正在匯整一個三十五萬美元的提案，要發展所有的靈性地誌（Spiritual Geography）資料，但是我無法拒絕這個到維洛海灘（Vero Beach）美麗的聯合中心（Unity Center）去教靈魂寫作的機會，而且我覺得下榻於面對大西洋的時髦旅館會很有趣。在工作坊兩小時後，我讓團體進行首次的十分鐘快速書寫：「親愛的聲音，我為何在生命中這個時刻參加這個工作坊？這個工作坊對我為何重要？我想要去學習、發現、揭露什麼呢？」

十一位參與者埋著頭，把自己丟進這個問題當中。我想要成為一個好的角色楷模，所以就拿起我的日記本，問同樣的問題。立刻，我的手寫著：「我必須寫一本關於靈魂寫作的書嗎？」我張大了眼睛。世上我最不想做的事，就是接下一個新的大型書寫任務。沒有時間、沒有能量、沒有金錢——免談！所以我就像處理所有不受歡迎的指引一樣優雅地處理這個問題。我寫：「**不行！不行！不行！不行！不行！**我有一個銀行的提案要完成，你也知道的！我下週要和銀行業者開一個會。我有一張海報要設計，一張地圖要訂購，還有一個網頁要更新。我每天都在忙靈性地誌的工作。我沒有時間寫書。我沒辦法做。**不行！**」

無論如何，這個指引，很清楚。當我到家後，在我可以勸自己別做之前，已先發了一封電子郵件給康納利（Conari）出版社：「您對一本講靈魂寫作的書籍提案是否有興趣？」隔天他們回信了，只有一個字：「**是的！**」

我盯著電腦螢幕，咕噥著說：「想必我就要接受那個指引了。」

黛比．藍這位得過獎的催眠師，也有過一次追隨從聲音而來的指引的深刻經驗。她依行程要和一位新的案主見面，這位個案相當具有挑戰性，他的疾病讓他身體衰弱，無法工作、看電影，或是在公眾場合活動。黛比非常想要幫助他，但是既有的標準程序無法處理他的情況。她拿起筆來，對聲音說：「我想要幫助戴夫。我想要幫助戴夫。我想要幫助戴夫。」她寫了三十分鐘。當她寫完時，她有了一個全新的標準程序的大綱。她把它用在他的第一次療程。當戴夫離開催眠狀態後，他望著診間裡對面的黛比，然後再往下望著自己的胸口，他開始哭泣。這是四年來第一次，他的身體是平靜的。現在，無論何時，當黛比想要知道如何幫助他人，她會請求聲音的指引——並且追隨指引。

蘇珊在靈魂寫作團體中分享一個關於指引的甜美故事。她告訴我們，有天早晨她正在書寫關於情人節那一天對她的母親將是多麼的難受，因為她的父親在半年前過世。蘇珊在書寫中得到指引，要送她母親伴有滿天星的兩朵玫瑰，並且在卡片上簽名：「愛的洋溢。保羅。」

她說：「有些人可能認為這樣有點詭異，但是那感覺是對的，所以我就做了。」

她的母親收到花之後來電：「你怎麼會知道他在卡片上一向都是那樣寫的？謝謝妳。這是有史以來最好的情人節禮物。」

別以為採取行動就意味著得做大事。多數時候你收到的指引都是要你做小事——正好是你當天或當下的需要。那就是一件好事。大的事情——搬到密西根去、辭掉工作、結束關係、回到學校、向你的兄弟道歉、賣房子，不再吵架、簽字——似乎是很大而且很令人害怕的事。如果我們每天在紙上只得到大的事情，我們就會停止書寫了。但是小小的指引——小徑上的下一塊麵包——是可消化而且有用的。如同詩人魯米這麼告訴神：「一點一點地啃我，不要一口把我吞下去。」

傑克在書寫時，突然出現一句話：加上照片。傑克無論去那裡都會拍照，但是在那個指引出現在紙上之前，書寫和攝影對他來說是兩回事。他開始把照片放進日記裡，並立刻發現照片豐富了他的書寫。他在某一天放進去的照片，時常含有他接下來要書寫的種子。一段時間之後，他也開始塗鴉與素描。「我的日記現在真的是我靈魂的故事，」他告訴同學：「我的一切都在這裡。」

希維亞告訴我，關於她與就讀大學的女兒之間一場不愉快的對話之後，她得到的其中一個指引。

她的用錢習慣真的讓我相當惱火。我以為我對於事情接下來該怎麼發生已經都安排妥當，然後我就坐下來開始書寫這事。當我書寫時，我明白了，是的，她絕對需要在花費方面有所節制，否則她大概就得休學。但是我也明白，她或許是用花錢的方式來處理壓力。接著我找到她學校免費諮商輔導服務的網頁。那聽起來很棒，我明天打算打電話給他們。有個聲音告訴我，她或許會對於某些了解與提議有較好的回應，而不是給她下最後通牒。

如希維亞所發現，多數指引並非關於做什麼事，而是關於轉換你的思維——而轉換你的思維會是很艱難的事。「要做什麼」的指引是相當容易去追隨的。我是說，它就在那裡，在紙上；你還有什麼其他事情要做？當你見到它——而且你的心也承認的砰砰跳——你的腳會自動地開始前進，一腳前一腳後。但是這個告訴你要轉換想法和感受的指引，是比較難以追隨的。例如，當我對前夫感到非常憤怒時，「愛你的敵人」這個指引出現在我眼前，這個指引不會有錯，可是我就是無法讓自己去做。我想要贏，而不是改變我的思維。我想要繼續恨他，不是開始愛他。但是，就是這種「改變你的心／改變你的想法」的指引會改變你的生命，就是它會消除那些舊的神經通路並且建造新的通路，就是它引領你走向蜜雪兒．寇特所講的那部新穎而且更好的電影。

嗯，我當然想要那部新電影。我想要一個美麗的家、財務保障、樂在其中的工作，以及一個快樂的小孩。它花了我一段時間（好吧，有好一段時間），但是最終我想通了，如果我想要那些事物，我必須改變我的想法。如果我想要一個新的生活，我必須放棄我的舊生活。「好的，」我終於對聲音說：「給我看。給我看，我就會去做。」

嗯，對聲音發出那樣的邀請，接著留意身邊的事！指引每天都會進來。我咬緊牙關，照著做——我戒掉談論我的前夫如何不停地傷害我，而是去仔細分析我一直拒絕的事。我不再指責他的手段，而是承認我自己也有手段。我不再把一切事情都怪到他頭上，而是去檢視我如何創造出自己的一團亂。我不再複述他的背叛，而是專注在我自己對於一個快樂家庭幻想的執著。我不再為自己的錯誤而自我嚴責，而是原諒我自己。我不再抱怨等船入港，也了解到上靈已經等我很久了——等我醒來並開始過我在這裡要過的生活。

我也不再試圖掌控一切。這一點很難。當我的手離開這個「控制」堤防，似乎我的房子、我兒子的教育、我的存款，以及我的生意都跟著潮水而去。每一天，我必須自我掙扎著不要再回到恐慌與責怪的嘮叨狀態。每一天，我都掙扎著要重塑我的想法。每一天，我都強迫自己去說我的祈禱三明治，並感受些許的希望與喜悅。「幫助我，」我吶喊：「幫助我！」而幫助來了——在紙上，每一天。

在追隨我日常指引三年之後，我有了一百八十度的轉變。一開始是嫌惡的，最後卻是深情的原諒。我曾經將之標籤為一種背叛，如今看來是一趟豐富的靈魂旅程，它帶給我一個新的頭腦、一顆開放的心，以及一段與這個聲音的奇異關係。而且，喔對——還有一部嶄新而且更美好的人生電影。

事實上，我們是透過我們選擇要注意、感受、思考什麼，以及我們所說、所做的一切，創造出我們自己。這個操作的字眼就是「選擇」。一切就如阿卡莎記錄中的上師與老師們給我們的提醒，都是一種自由意志的選擇。也許發生的「事」並非我們所選擇，可是我們確實選擇了自己的「反應方式」。布魯思・立頓在《信念的生物學》中對心智的有意識選擇的力量提出了解釋：

心智的力量是很強大的。它能觀察我們從事的任何已經輸入程式設計的行為，評估這個行為並在意識層面上決定去改變這個程式設計。我們能夠積極地選擇如何去對大部分環境訊號做出回應以及我們想不想要回應。這個意識心靈對潛意識層面中已經被程式化的行為的覆蓋能力，就是自由意志的基礎。

或是像甘地說的更加簡單：

你的信念成為你的思想，你的思想成為你的言語。
你的言語成為你的行動，你的行動成為你的習慣。
你的習慣成為你的價值，你的價值成為你的命運。

我們得演出依我們的選擇所製造的電影。我原本已經創造出一個不快樂、充滿痛苦的世界。追隨從這個聲音而來的指引，讓我轉變了我注意的事，改變了我的想法，調整了我的語言，而且改變了我的行為。在這個過程中，我轉化了我的命運，創造出一部更美好的電影。我能不能在沒有聲音的指引下做出這部新的電影呢？我認為沒有可能。

認出你的內在批評家所戴的面具

千萬不要以為你內心的批評家會安靜坐著，讓你創造一個全新的世界。它不想要你去聽見——更別說是追隨——這個聲音提供的任何新方向。為什麼？因為那時一切都會改變，而改變，依你內心的批評家看來，是一件非常糟糕的事。所以，如果你想要聲音的指引能大聲而清晰地出現，你就得認出以及反擊你的批評家所戴的許多萬聖節面具。

它最好笑的一個面具就是「打瞌睡」。它出現的方式就是讓你沒辦法及時醒過來進行書寫。要除去你的批評家面具，把你的靈魂日記本放在床邊，並且鬧鐘一響就讓你自己起身。你會發現，其實你喜愛那些在瑟塔波籠罩之下的時刻。如果你有「打瞌睡」的問題，請教聲音：「什麼原因讓我這樣瞌睡？」

另一個滑稽的偽裝就是「哎呀」——像是「哎呀，我的姐姐需要我」、「哎呀，我得陪小孩做功課」、「哎呀，門鈴響了」。一旦你開始認出你的「哎呀」，無論它們究竟是什麼，你會對你的批評家一笑置之：做得好，很有創造力，但現在容我告退，我得書寫了。

然後還有「我不知道要寫什麼」的面具。你有一個豐富的靈魂，它滿載著故事、問題與欲望，都急切地要被探索。如果有區別的話，就是你有太多的話要說，而不是只有隻字片語。如果你內心的批評家以這個面具出現，請教聲音：「我不想要談論什麼？我害怕見到什麼？」

如果那些面具都對你起不了作用，你的批評家就會請來「太忙」。這個面具會像是家裡的雜亂無章、關係裡的戲劇性事件、工作遇到的麻煩——換言之，就是生活。但是並非鼓勵你去把自己的生活攤在紙上並請求指引，你的批評家反而會悄聲說：「瞧，你太忙了。你無法書寫，你沒有時間。」

「太忙」會是一個難以對抗的結實面具，因為表面上看來你的批評家好像沒錯，你的時間不夠用。事實上，如果你不開始想清楚這些戲劇性事件為何一再重複，你將永遠不會有足夠的時間。所以堅強起來，讓自己遠離他人的劇本。這是個令人難過的事實：多數人不想要改變，他們只是想要發洩情緒。不過，你有興趣探索你的靈魂，並往整體性邁進。要做到這點，你必須保護你自己的時間與能量。為你的靈魂空出十五分鐘的時間。這一次，把你自己放在第一位。

如果你的批評家無法阻擋你書寫，至少它會努力不讓你說出事實。它會戴上一張相當迷人的「表層」面具。在這個偽裝下，它會鼓勵你去問簡單的問題並滿足於膚淺的答案。如果你發現自己很快就寫完，沒有產生靈性的焦慮，就是你的批評家不讓你轉向深層事物。當你捕捉到自己只是在做表面的瀏覽，停下來並寫道：「等一下，整個故事其實不是那樣的……」、「等一下，我有另一個問題……」、「我真的必須知道的是……」

你的批評家可能戴上一張嚇人的「眼罩」。這個面具就是讓你恐懼有人將讀到你的日記，或者更糟，在你死了之後得知你所有的秘密。如果你掉入這個圈套，你就絕對無法在紙上傾洩你的靈魂。對初學者而言，叫你的批評家用你所恐懼的因素來平息它。如果那會讓你覺得好過些，做一個保全計畫並且堅持完成。如果你需要一個身後的計畫，請一個朋友銷毀你的日記本，或是把銷毀的做法放入你的遺囑內。盡你所能去降低「窺視」的力量。

當你的批評家要使出渾身解數時，它會穿上「懷疑」的黑色斗篷。懷疑很棘手，懷疑會用這類念頭來侵蝕你靈魂的骨頭：「萬一要是沒有人在聽呢？萬一那是我自已哄騙自己相信書寫有效呢？萬一關於改變你的電影情節的這整件事其實是無意義的呢？」如果這些問題還不夠棘手，還有一個新的懷疑形式，它是以吸引力法則來論述，它聽起來像是這樣：「如果我書寫關於困擾我的事，我不就等於是把注意力放在我不想要的事情上嗎？而透過專注於這事，我不就會吸引來更多這類事情嗎？」

答案是會——也不會。會，如果你的書寫目的是要去沉迷在你的苦惱、牢騷、譴責以及抱怨，那麼你絕對會製造更多你不想要的事情來。可是如果你的目的是要去理解、釋放、療癒你靈魂的阻礙，答案就是不會。別讓錯誤的「懷疑」面具阻擋你直接檢視你傷口並且開始療癒工作的機會。

懷疑就像是一群狡詐的蚊子，讓你的生活不幸，而且隨著每咬你一口，就可能帶給你一種削弱靈魂的疾病。信任是消除懷疑的最佳方案。我最喜愛的信任祈禱是〈祈求保護〉（Prayer for Protection），由詹姆斯・費里曼（James Dillet Freeman）在一九四〇年為了三軍所寫。謝謝阿波羅十一號的詹姆斯・奧德林上校（Col. James Aldrin）與阿波羅十五號的詹姆斯・艾文上校（Col. James Irwin），從月球而來的祈禱賜福給我們。一般大眾聽到這個祈禱是「早安美國」（Good Morning America）的主播羅賓・羅伯茲（Robin Roberts）在國家電視上的分享。大聲說出這個祈禱，看看它是否讓你充滿信任感（你可以把神改為聲音或是當你書寫時所用的名稱）。

神的光環繞我，
神的愛擁抱我，
神的力量保護我，
神的臨在眷顧我，
無論我在何處，神也在。

我喜歡用「而一切都很順利」來結束這個祈禱。我知道這個祈禱有效。就是這個祈禱讓我的兒子平安回家，當我前夫在路上跟人衝突、對人行使暴力時，他正坐在他的車子裡。但是如果這個祈禱無法讓你產生足夠的信心，書寫你自己的禱詞。它可以如「我知道我很平安」那般簡單。

靈魂寫作練習

親愛的聲音，
我的批評家戴著什麼面具？我如何能認出這些面具來？
他們多有效地讓我保持沉睡？我想要醒來嗎？我如何能保持清醒？

你的批評家所戴的面具並不重要。重要的是你要明白你的批評家正努力要嚇退你，讓你留在睡夢中。靈魂寫作會把你喚醒，而如果你想要一個新生活，你必須做的第一件事就是甦醒。如魯米所言，別再回去睡了。

黎明的微風有秘密要告訴你，
別再回去睡了。
你必須請求你真正想要的，
別再回去睡了。
人們在入口處走來走去，
那是兩個世界交接的地方。
門是圓的，是開啟的。
別再回去睡了。

和你內心的批評聲音合作

你是否曾經問自己：我內心的批評家究竟是誰？他們聽起來像什麼？他們在說什

麼？而他們為何這麼努力地要控制我？我問過。我厭倦了自己內心這位虐待者，他不斷提醒我每一件錯事而且還破壞我所有的計畫。我簽下一份新的諮商合約的那個晚上，他們加班來告訴我，關於我可能失敗的所有方式。我感到憤怒與疲憊，我坐了起來，喊著：「別再說了，你們！」我用手摀住嘴巴。我的虐待者都是男性聲音。

隔天早晨，我在書寫椅上坐下來，決意要攤牌。「好吧，」我寫：「就是那樣。來吧，把一切你要說的都說出來。讓我們來把這事解決。」場面很難看：

你已經一年沒工作了。是什麼讓你以為你應付得了這份合約？你的存款都用完了。如果你這麼聰明，這種事怎麼會發生？怎麼你的前夫一直惹你生氣？怎麼你一直記錄你前夫虐待兒子的種種，卻沒人聽進去？如果你這麼聰明，怎麼法官不認為情況緊急？你有沒有想過他為何能夠如此輕易地告你，並且把你拉到法庭？怎麼他還沒有償還債務？你拼命想要的那份珍貴的婚姻清算協議並沒有讓他屈服。是什麼讓你認為你可以書寫？那麼為何你沒有一個經紀人？覺得你能找到一份固定工作嗎？哈！誰會雇用你呢？你五十歲了，失業，破產，而且還不想要讓你的兒子待在安親班幾個鐘頭。對啦對啦，你會得到一份了不起的工作。

那實在遭透了，可是至少我把他們的奚落都聚集一起。我做了一個深呼吸，決心問下一個問題：「親愛的神，我知道這不是你。是誰在說話？」回答很快就出現。我發現我的前夫賴在我的腦袋裡不走，我父親最糟的一面也在那裡。與他們一起的還有一位我已經多年沒想起的前上司。我找出名字了，不過我還沒停，我感覺到還有更多人。我問：「還有誰在說話？還有誰在懷疑我的能力？出來吧，無論你在哪裡。在陽光下清楚地說出來，這樣我才能看見你、聽見你，並回答你。如果你懷疑我的能力，就說吧！」

喔，他們說話了：

你做不到的。誰說的？我說的。誰說的？我。誰？我，什麼都知道的我。你知道些什麼？我知道你害怕。我知道妳擔心。我知道你質疑自己的能力。我知道你懷疑自己是不是不夠好。

我一直書寫，幾乎寫了一個鐘頭後才有了突破：

你不是我的前夫，但是你有他的聲音。你不是我的父親，可是你聽起來像他。你不是我以前的上司，但是你大聲說話就像他一樣。你還模仿了誰？任何人。以前的上司、舊情人、前夫、父親以前的態度、以前的老師、以前的牧師。任何人。哇。等一下。我知道這人是誰。我認出你來了，你就是邪惡的三位一體：懷疑、恐懼，以及憂慮。

當我發現我內心的批評聲音是男性聲音，甚至聽出是哪位男性時，我好開心自己並沒有停止書寫。如果我在任何一個當下停止靈魂寫作，就絕對無法發現這些蓄意破壞者的真面目。

一旦你明白是誰在批評你，你就有所選擇。你可以嘗試毀滅他們，或是嘗試建立和好。我選擇毀滅。我書寫長篇極度痛苦的禱詞以埋葬懷疑、恐懼與憂慮。我把他們的名字寫在紙條上，然後燒毀。我書寫新的祈禱三明治宣言，召喚他們的對手：知、愛、信。隨著每一次的努力，我感覺自己的靈魂往愛與信又更靠近一點，不過大量的懷疑、恐懼與憂慮仍然在那裡——而我也知道。

靈魂寫作練習

親愛的聲音，

我知道這些批評的聲音不是你。他們是誰？

我已經準備好要嘗試和好，但是我不知道要怎麼做。

我向布萊恩和麗莎．柏曼求助。「同理傾聽技巧能否幫助我們與我們內心的惡霸和好呢？」我問。

「可以的，」布萊恩說：「如果我們傾聽讓我們害怕的某個人，舉例來說，一位好鬥的鄰居，那麼我們就能從我們自身之外來看見那個人。身為一位同理傾聽者，我們能聽他說，找出他真正重視的是什麼，以及他的正向意念是什麼。而且當我們與他在那個層次上連結時，他的負面行為就因此減少。我們內心的批評聲音也是如此。麗莎和我已經發展出某種同理傾聽方式，把我們內心批評的聲音當成一個局外人那樣聽他說話，並且與他建立一種合作關係以達成某種目標。」

這個方法聽起來很理想。我問我最喜愛問的問題：「你要怎麼做？」

「啊，」布萊恩說：「就是怎麼做的這個環節具有挑戰性。基本練習就是去把這個聲音外在化。首先，每個人在日記本上寫下他們內在批評聲音所說的內容，把焦點放在最刺激自己的一個批評。接著他們就訓練一個夥伴，請他用類似這個批評聲音的語氣說話，如此一來，他們就能像內心聽到那樣，從外面大聲聽見這個批評。然後有這個內心批評聲音的當事人就走進一個中心位置，這裡就是同理傾聽開始運作之處。當事人準備要傾聽這個居住於內心的批評家的正面意念。然後我們角色扮演這個批評的聲音，與當事人一起運作，設定一個相互賦權（mutually empowering ）的合作關係，以實踐這個批評家的正面意念。」

哦，和我內心惡霸的一種合作關係。「你怎麼做？」我問。

麗莎說：「並不是要這個聲音遠離，而是你有了一個新劇本、一捲新的帶子，讓你可以積極回溯參考。你已經在如何聽見這個批評聲音上做了一個新細胞。你在建立一個非反應的（non-reactive）回應上有越多經驗，你就能越快回到一種合作關係模式。透過這個方法，你體會到內心這個批評聲音並不是要傷害你。它是對於一個早期的受傷經驗的反應，避免讓你以同樣方式再受到傷害的一種策略。一旦你認出它是要保護你的安全這個正面意念，你就能對自己——全部的你——具有同理心。」

「想一想，」布萊恩說：「當你在你的每一個部分周圍坐下來，其中一個部分可能是這個委員會的主席，另外一個部分是個害怕的小孩，另外一個部分是一位大喊大叫的身材高大的父親或母親。當人見到每個部分都整合到這一個整體時，就有不同層次的賦權。」

所以，我內心的批評家並不是某種我要去抵擋的惡靈；他們是我的各種陰影，突然活躍起來回應早期的傷口。這就解釋了我為什麼從未完全擺脫懷疑、恐懼以及憂慮。

靈魂寫作練習

親愛的聲音，

我腦海裡那個內心的批評家的聲音聽起來像是什麼？

我以前是否聽過這些聲音？何處？何時？它們聽起來像是什麼？

幫助我記錄我內心批評家所說的話。

我想要把它都寫在紙上，這樣我就能見到它並療癒它。

我的內心批評家到底對我說了什麼？他們什麼時候說的？

我做了什麼促使他們這麼說？

我的批評家說的哪一點讓我最難過？

如果我仔細傾聽、深入挖掘來找出我批評家聲音的善意，我發現了什麼？

這些聲音努力要讓我做什麼事或是不讓我做什麼事？

它們是如何努力要保護我的？那是來自何處？它們何時開始的？

聽過布萊恩與麗莎處理批評聲音的方法之後，我想到伊莉莎白・吉兒伯特在《享受吧！一個人的旅行》一書中也提及類似的方法。在她生命的黑暗時期，她要求她曾經歷過的每一次的悲傷、憤怒、羞恥等經驗都要出列。她重溫每個時刻，並對這一個又一個的經歷說：「現在就來到我的心。你可以在這裡休息。這裡現在是安全的。都過去了。我愛你。」她花了幾個鐘頭時間，但是當她做完時，終於就有了平靜。「我心裡再也沒有任何的爭執吵鬧。」她說。

靈魂寫作練習

親愛的聲音，

我厭倦了假裝我的影子不是我。

它們是我。我已準備好要擁抱它們。

告訴我如何做。我如何能夠成為完整？

現在我已經意識到我的批評家的善意，我要如何讓它維持下去？

當他們攻擊我時，我就很心煩，而且很容易就退回到羞恥與恐懼的情緒中。

我們如何能夠成為夥伴呢？我們如何為了我靈魂的益處而一起努力？

下一次當他們和我說話時，我應該怎麼辦？

現在，當我聽見我內心的批評家——我還是會聽見他們——的時候，我承認他們是要保護我、不讓我冒太大的險而受傷害的正面意念。聽見他們的關心，我邀請他們和我一起祈求保護。然後，全部的我就感覺安全而且被愛。

注意聲音回應你的證據

在我開始進行靈魂寫作之前，我並不是一位善於感恩的人。人生對我而言就像是一場你爭我奪的遊戲，我得不到的，就有人會搶到。我想要大量的幸福，可是我的注意力不曉得為何總是放在我沒有的，而不是我已經擁有的。

現在，無論我看何處，我總是見到讓我感謝的人事物。當我在早晨走出戶外時，我感謝高聳在藤架上方的皇后棕櫚樹以及噴泉的汩汩流水聲，還有香草盒裡散發的蘿勒香味。當我走過起居室時，我微笑看著鐵銹橙色的牆面以及我母親水晶的閃爍微光。當我閱讀時，我感謝措辭巧妙的片語與動人故事。當我烹飪時，我感謝每一個嘶嘶聲、每一個味道，以及我的切菜同伴——爵士樂演奏家邁爾士．戴維斯（Miles Davis）的音樂。我感謝的不只是物品，我也為觀念、對話，以及停車位輕聲謝謝。而當我看著兒子相片時——嗯，我的福杯滿溢。

當你最初開始書寫時，你會發現，你得探進自己的杯底較深處，才找得出讓你感謝的事。這並不是因為快樂的事物不在那裡。它們就在那裡，你可能只是還沒有察覺到。要增加你的覺察力，記錄你的「證據」。證據是指任何來到你面前的事物，它讓你想到，嘿，聲音在回應我。

當法官判決我的兒子和我不能從佛羅里達搬到威斯康辛去與我的家人同住時，我在門廊跺著腳，手臂亂揮並尖叫著說：「好吧，你顯然不想要這家人搬走。我不知道為什麼，不過你別這樣。我假定你是想要這家人有東西吃吧！所以這是我的條件。我將把你送來的一切捐出十分之一，但是你得開始送來——而且盡快！」兩天後，電話響了。「你不認識我，」說話的是一位女性：「可是我們公司的諮商師說我應該聯絡你來解決我們的聘雇問題。」到了那一週的尾聲，我拿到一份嶄新的一萬七千美元諮商合約。到了當年年底，我已經賺了十萬八千美元，還買了一間城區住宅。證據。

但是，證據不一定要是戲劇性的。證據可以小到像是一本推薦書、你在電台裡聽到的一個問題、你偶然發現的一個網站。一位婦人寫信告訴我，我的「宗教與靈性」專欄的一篇文章如何成為她的證據。她的媳婦正式獲得一份針對她兒子的保護令。這位婦人知道媳婦的行動是出於憤怒的結果，而不是因為危險。於是那天早上她祈禱請求指引來幫助她的媳婦原諒兒子，並解除禁令。

在她祈禱之後，她在網路上以關鍵字「祝胃口大開！」搜尋，想要找一道午餐食譜。我的專欄文章那一天是有關如何做一個祈禱三明治而且以「祝胃口大開！」結尾。她以為找到食譜了，就點進去看專欄。那正是她禱告祈求的指引。她把專欄傳給媳婦，一個小時後，媳婦哭著打電話給她，說她已經請法院解除禁令。

一旦你開始把你的請求與聲音的回答之間的所有點連接起來，你將發現證據無所不在。它可能是有形的——比如掉在你路上的一片羽毛、飛過的一隻蝴蝶，前台階梯上的一分硬幣、雪地上突然綻放的花朵，或是一場音樂會的免費入場券。或者它也可能是無形的，如老朋友的一通電話、一個偶然的會面、一個有用的引介。無論它以什麼方式出現，收集你的證據，把它放在一個架子上——你的「證據架」上。每隔一段時間，回顧一下證據，好好感受你是如何深深地受到指引與被愛的。

慶祝你靈魂的開展

受到指引與被愛是值得慶祝的事。但是如何慶祝呢？如果你是在一個靈魂寫作團體裡，你可以和成員分享你的證據與奇蹟，他們會點點頭並熱情鼓掌。可是如果你是獨自坐在自己的書寫椅上呢？嗯，對初學者而言，請感受感謝。你正在接收從天堂而來的指引，正如你收到俗世禮物時會感到快樂感恩一樣，也要感謝聲音所給你的禮物。

在人神關係上非常了不起的詩人魯母，總是以幾句話就描繪出這個豐富的觀念：「如果神說：『魯米，向一切幫助過你進入我臂膀的事物致敬。』那麼，我生命中沒有任何經驗、想法、感受、一個行動，是我不會躬身致敬的。」

感謝這趟旅程，它將會改變一切。那是一個濾鏡，透過它來看你的世界，一切將大為不同。大衛．斯坦德拉（David Steindl-Rast）是一位聖本篤修會修士與禪宗學者，他是一位擁有豐富的感恩靈修經驗與傳達祝福的老師。在他的著作《感恩，禱告之心》（*Gratefulness, the Heart of Prayer*）中，他寫道：「無論是什麼，我們都要去祝福，不為了任何理由，而純粹只因其所是——那就是我們的最終目的，那就是我們為何身而為人。這個非凡的指示銘印在我們心中，我們是否了解並不重要，我們是否同意也無分別。而且，我們內心深處其實明白這一切。」

靈魂寫作練習

親愛的聲音，

我要為什麼而感謝？到底感謝是什麼？

感謝看起來、感覺起來或聽起來像什麼？

我是一個懂得感謝的人嗎？我要如何才能更為感謝？

到現在，我相信你的心已為了透過靈魂寫作而來到你面前的這份指引與智慧而充滿感謝。可是有時候，你想要特別做某件事來表達你的感謝。我知道我是這樣。有時候我想要做一件相當大的事，來慶祝並強化我與這個聲音的連結，那就是撥出一個「靈魂日」（Soul Day）。靈魂日並沒有規則，每個人的節日都是對他的個體靈魂的反省。這裡有些觀念，可以讓你思考一下你自己的靈魂日。

▼設定你的意念

- 前一天晚上，請求你的靈魂日的指引，並且把你的日記本放在床邊。在你逐漸從瑟塔波中醒來時，記下你的想法以及夢境（睡前不要設定鬧鐘）。
- 第一件事就是對著鏡子，並且說：「你很珍貴而且重要。我允許你擁有一個輝煌的靈魂日。」

- 宣告你的意念：你想要學習什麼、準備什麼、要求什麼，或是慶祝什麼？

▼祈禱與冥想

- 恢復你的傳統或嘗試一個新的祈禱形式，比如說九十九遍阿拉真主、唱頌葛利果聖歌、閱讀詩篇，或是在戶外像北美印地安人那樣向四方祈禱。
- 使用你以前沒有使用過的祈禱輔具來進行祈禱，比如念珠或祈禱披肩。
- 傾聽引導冥想的錄音（可造訪虛擬 SPA 網站 www.serenitypathways.com 進行呼吸與冥想的練習）。
- 走一趟虛擬迷宮（可至 www.gratefulness.org 體驗），如果你居住的區域附近有實體迷宮，實際走一趟。也可以使用手指迷宮（可至 www.serenitypathways.com 取得）。
- 使用你的五種感官，與聲音進行一個長對話。

▼餵養你的靈魂

- 閱讀能激發你靈魂思考的東西。
- 聆聽溫和、振奮人心的音樂（或是享受全天的寧靜）。

● 坐在陽光下、水邊，或是樹林裡。
● 如果你看一場電影，選擇一部溫和、深情，以及深度的電影。

▼釋放你的苦惱

● 建一個哭牆，把你所關心的事都放在牆縫裡。
● 用某種儀式來釋放舊有的恐懼與憂慮：把它們放在一個碗裡燒掉、放到河裡流走，或是把它們埋起來。

▼回顧你完成的日記

● 重讀並回憶你的見解與特別的對話內容。
● 如果你想，用碎紙或燒掉的方式來摧毀舊的日記，為了它對你的整全之旅的貢獻而感謝彼此。

▼回顧你與內在批判聲音的合作關係

● 回憶他們的正向意念，並且感謝他們出於愛的關心。
● 探索自從你上一次靈魂日以來，他們是如何地幫助你。

- 再次把自己奉獻給你與他們的合作關係。

▼更新與恢復你的關係

- 呼叫出現在你生命中的人的靈魂（無論他們在世或過世）進入你的靈魂，冥想你從他們那裡所接收到的祝福，感謝他們在你的生命中，傳送恩寵與愛給彼此。
- 原諒：最後，完完整整地原諒你自己以及任何曾經傷害過你的人。請求那些你傷害過的人的原諒。

▼為你的祝福慶祝

- 在你家裡四周走動並真正看看你的一切所有，祝福每個物品，做一個感恩祈禱。
- 回顧你的證據架；為每個禮物表達感謝。

▼請求指引與澄清

- 請求牌卡或其他神諭工具的澄清。
- 請求清楚的訊息與傳訊者，然後走一段長路，留心在你路上的一切事物。
- 給你自己一份禮物，一個阿卡莎記錄的解釋或是其他你的靈魂所渴望的經驗。

- 與聲音討論你的指引與訊息。

▼提問然後知道

- 確認接下來幾個月或這一年你的靈魂渴望。
- 更新你的祈禱三明治，務必使用現在式來提出你的請求。
- 把你的請求做成一個夢想板或使用其他材料來呈現，把它張貼在你的潛意識心靈每天都會看見的地方。
- 為你的請求說一個感恩的祈禱，彷彿你已經收到（因為在神的時間裡，它們已經發生）回應了。

▼表達你的靈魂

- 畫出、描出或是做出一個曼荼羅。你不必是個藝術家，到網站 www.soulcards.com 看一看黛博拉．考佛查蘋（Deborah Koff-Chapin）所做的靈魂繪畫，看看它是多麼的簡單卻又深刻，然後玩玩畫、色筆或粉筆。關於對曼荼羅的理解，看看這個網站：www.karepossick.com。
- 跳舞或玩一種樂器。

▼祝福你的身心

- 做做溫和的身心運動如皮拉提斯、瑜珈、太極，或是氣功。
- 讓自己享受一個按摩，如果治療師能到你家來做的話更佳。

▼愉悅地進食（或禁食，如果你偏好的話）

- 點蠟燭、布置美麗的餐桌、做一桌你喜愛的靈魂佳餚。
- 如果你想要試試做一道聖潔、有意義的餐點，讀讀猶太人的逾越節家宴（Seder）並為你自己創造一種個人的逾越節家宴，在餐桌的右邊留一個空位給聲音，如同傳統晚餐上猶太人留空位給以利亞（厄里亞）一樣。
- 在你進食前表達感謝。如果你沒有謝語，買一本萊恩（M.J. Myay）所編的《感謝的心：從佛陀到披頭四的每日晚餐祝禱詞》（*A Grateful Heart: Daily Blessings for the Evening Meal from Buddha to Beatles*），並從中選出每晚的謝語。
- 舉杯祝賀你靈魂的驚人開展。

▼用一顆感謝的心結束你的一天

- 書寫一份包含一切的感謝句子，把它放在你的鏡子前、冰箱或是衣櫥門上——屋內各處，把它變成你電腦的螢幕保護程式（此刻我的句子是「我很快樂並且感謝我許多成功的夥伴關係」）。

- 泡一個長長的熱水浴。
- 說一個深刻的感恩祈禱，感謝你一天所有的祝福。
- 發出意念，要夢到當天的訊息；醒來立刻記錄你的夢境。

這絕對不是一張完整的清單。力量不在任何特定的活動上，它是存在你要榮耀你的靈魂與這個聲音的夥伴關係這個意念裡。**創造給你鼓舞的靈魂日**。

我總是在元旦過靈魂日——喔，不是一整天，比較像是一個靈魂早晨。我開始新的一年的方式總是如此，祝福我過去這一年，回顧聲音愛的指引的種種證據，並且說明我對接下來這十二個月有何意念。

二〇〇六年元旦，我花了一段時間書寫關於我的心願。我花了很長一段時間來回憶過去這十年的靈魂旅程。當我觀想我的故事展開的過程，我確認自己準備要進入下個階段。我寫道：「我準備好要讓我的聲音被聽見。我準備好要讓我的行銷與出版夥伴出現。告訴我要怎麼做，我就會去做。」接著我就用醫藥卡請求關於來年的指引，牌卡占卜的最後一張是渡鴉（Raven），意指有神奇的事即將發生。我寫了一分新的祈禱三明治，把它畫成曼荼羅形式，並且把它貼在我臥房門上。我感到平安而且快樂。我知道，即使二○○六年只是開始了幾個小時，一切我所請求的正在朝向我而來。

隔天早晨，我用清除電子郵件信箱的方式來開始我的新年。我一路開信、刪除、刪除、刪除，直到我看到一封未讀取的書市行銷郵件。我刪除過幾封類似的郵件，但是不曉得為何我略過了這一封。這封郵件的結尾有一行字吸引我的目光：「我不知道這個是否適合你們任何一位，但是如果你書寫關於靈性的主題，你可能會想要看看 www.religionandspirituality.com。」我點進這個連結，立刻就知道這是我的論壇。那天早晨的剩餘時間我就用來寫一封郵件給那個編輯。

祈禱之後，我就點下「傳送」，並且外出午餐。當我回家後，我收到一個留言。結果，我不只有了一個專欄，還是從隔週的週二就開始！從我在靈魂日那天請求行銷與出版的夥伴，到我的第一篇專欄誕生，一共五天的時間。六個月之後，康納利出版社發給我一封「讓我們彼此認識一下」的電子郵件。自此之後，我在靈魂日所求的一切願望都成真了。

我們以一個非常快樂的筆記來結束這一章。我們也應該如此，因為與這個聲音的對話是一種愉悅的、提升靈魂的、擴展靈魂的冒險。它只用發自我們喉嚨的一個回答來示意：謝謝你！

靈魂寫作練習

親愛的聲音，

幫助我設定我的靈魂日。

對於這天，我的意念是什麼？

什麼樣的日子會支持並滋養我的靈魂？

結語

在我們結束以前

我們在這裡，在本書的最後。對於靈魂寫作，我感覺我還沒說夠。我有沒有告訴你，靈魂寫作是最甜美最簡單（而且最豐富）的靈修活動？我有沒有告訴你，人人都能進行靈魂寫作？我有沒有告訴你，這個聲音不在乎你用什麼名字稱呼它；這個聲音只是想要談話？

我有沒有告訴你，把你的心敞開是安全的？用你的靈性耳朵傾聽是重要的？與那些往往不太友善的內在聲音交朋友是一種祝福？我有沒有告訴過你這些？我希望我有。

我有沒有告訴你，問題是激發聲音的魔法？而且這個聲音對你的回應程度與你求知的欲望是等量的？我還有沒有告訴你，無論你探測得多深，在你靈魂的神聖冒險中總是還有更多要去發現？還有一點就是關於經歷問題——我希望我有分享這一點，因為那是非常深刻的事實。

我有沒有告訴你，指引與智慧在等候著你——不只是在書寫紙上，而且隨處都在？當你進入神聖的對話奧秘裡，似乎這整個世界都在對你說話！

有一點很重要：我有沒有告訴你，這個聲音總是在傾聽？即使是在一個漆黑的夜，當你感覺沒有人在眼前、沒有人回應、沒有人在乎——**這個聲音仍然在**。這一點請相信我，而且要堅持下去。

我還有沒有告訴你關於奇蹟的事？請求並且知道——你只要記住這一點。但是也許最大的奇蹟就是對話本身。對話當然是一種奧秘：這個聲音是在外面遼闊無涯的場域某處，同時卻也在你膝頭的書寫紙上。令人驚奇。

喔，我還有沒有告訴你不用擔心？你不會走錯路的。真的，你不會。你的靈魂正以它自己的完美方式開展。而這個聲音就在那裡，在你身邊——他是你的證人、你的夥伴、你的指導者。

我希望我有告訴過你這一點：靈魂寫作是一種充滿驚奇的經驗，它值得恰當的慶祝，或者至少值得偶爾開心歡呼一下。

我有沒有告訴你，你的生命即將改變：因為它將要改變——確切地說，**它已經改變**。

最後一點：我有沒有告訴你，對話絕對不會結束？這一點相當重要。當你拿起一枝筆並寫下「親愛的聲音」，對話就開始了，然後對話繼續，持續不斷，直到有一天你再也提不動筆，然後它就在另一個空間以另一個方式持續下去。事實上，對話絕對不會結束。這不是很棒嗎？

致謝

封面上的作者名字讓我開心微笑著。事實上，本書留有許多人的印記，這要從一九九七年我的哥哥賴瑞開始。在讀過我第一次的靈魂寫作練習後，他說：「你正在寫的內容，文學裡找不到。繼續寫下去。」謝謝賴瑞．康納（Larry Conner），靈性地誌有了生命。謝謝靈性地誌，那是賴瑞．莫斐特（Larry Moffitt）邀請我為religionandspirituality.com網站寫的專欄。也謝謝那些專欄，布蘭達．耐特（Brenda Knight）才召喚我加入康納利旗下。

這句話可能聽起來很怪，不過我要謝謝堅．強生，因為他拒絕我的原始書名。三個月之後，我轉向史提芬妮．剛寧（Stephanie Gunning），她在十分鐘內就想出了一個完美的書名。如果那樣的恩賜還不夠，當我聽說史提芬妮．剛寧訪問羅伯特與蜜雪兒．寇特夫婦的時候，我的心快跳出來了。我和他們聊過之後，這本書就進展相當快速，因為寇特夫婦介紹我認識哈特博士，然後哈特介紹我認識蘿拉蘭．本恩，本恩又介紹我認識艾文．拉斯洛，艾文則引領我進入科學與靈性彼此用同樣語言溝通的交會點。然後還有我的好姐妹瑪麗．伊莉莎白（Mary Elizabeth），她有一天早上突然對我說：「嗨，如果你對於傾聽有興趣，不妨查查同理傾聽計畫。」一星期之後，我就與布萊恩和麗莎・柏曼有了第一次的對話，幾次對話下來，他們把本書的主軸帶進一個全新的位置。

謝謝凱特・法岡（Kate Fagan）拉比，她打開我的雙眼，讓我見到神的一長串名字；也謝謝里查・霍伯（Richard Hooper），他對於聖經的知識——舊約、新約，或是被遺忘的部分——令人欽佩。謝謝湯姆・倪可立（Tom Nicoli），他向我證實，當你訴諸文字書寫時，改變就發生。謝謝約翰・伯頓耐心地回答我有關潛意識心靈的問題。謝謝黛比・藍讓我經歷到智慧的催眠之美麗與力量。謝謝羅賓・桑格爾（Robin Saenger）送我的生日禮物《神的情詩》（*Love Poems from God*）以及丹尼爾・雷定斯基（Daniel Ladinsky）具有啟發性的譯筆，謝謝他慷慨允許我和讀者們分享他的許多翻譯詩作。

謝謝雀麗兒・哈里遜（Cheryl Harrison）大無畏的見地以及將它帶入生活的創造能力。也特別謝謝勇敢的靈性探索者，早在靈性書寫成為世人認可的活動之前，你們就潛入深層靈性書寫的探險。你們的故事與精神永存於這些書寫中。

謝謝了不起的康納利出版社團隊，他們真的為出版「人生勵志書籍」而獻身。謝謝我的編輯芮秋・里奇（Rachel Leach）與文字編輯艾美・羅斯特（Amy Rost）。他們照料本書的細節並且讓它歌頌。謝謝邦妮・漢米爾頓（Bonni Hamilton）與愛麗森・梅（Allyson May），在告訴這個世界為何一定要——就是一定要——讀這本書的過程中，她們每一步都陪伴著我。

謝謝我的姐妹克萊兒（Claire）、兄弟傑（Jay），以及好朋友派特（Pat）；有你們的扶持，我才能渡過人生最黑暗的時期。謝謝我最寶貝的兒子，傑瑞。每個人都需要一個有智慧且愛人的粉絲。我有我的粉絲。而邁可呢？謝謝你。我現在正在傾聽。最後，謝謝你，大聲音，這位永遠都在、完全傾聽、完全慈愛的引導者。我希望我的小小純真聲音有好好地服事你。

珍妮・康納　二〇〇八年七月二日

於佛羅里達州歐松那

附錄

重點整理與書寫記錄

▶靈魂寫作四步驟的重點整理

在此概括地說明靈魂寫作的完整過程。當你瀏覽每個步驟的重點時，注意一下你可以定期做且比較容易做的部分，以及你覺得比較難做的部分。這個練習將讓你看到自己的位置，還有你要如何支持自己靈魂的美麗開展。經常回來看看這個重點整理。

現身	敞開
安排一個時間與地點。 坐下來。 每天在你選定的時間與地點進行書寫。 準備好要書寫：創造並使用你個人的書寫儀式。	從讓你正感困擾或正在發生的事情開始。 寫下出現什麼事。 探索你最深層的想法與感受。 說事實。 快速書寫並忽略所有的書寫儀式。 說出你的故事。 說真心話。 打破沉默。 開始打開你的靈性之耳。 找出接近潛意識心靈的最佳方法 榮耀你靈魂的表達需求。
聆聽	**貫徹**
像聲音傾聽你一般地傾聽。 要有耐心。 為聲音創造空間。 有意識地想要聽見聲音。 請求一顆理解的心。 相信你是安全與被愛的。 現身在當下。 願意去探索意識心靈之外的世界。 提出問題。 經歷問題。 捕捉你的洞見。 找出你的祝福。 當你覺該停止的時候就停止書寫。 要感恩。 簽上你的名字。 結束的儀式。	認出你的指引。 請求說明與確認。 值得並給你自己許可。 請求奇蹟。 追隨你的指引。 認出你的批評家所戴的面具。 與你內心的批評聲音合作。 留意你的證據。 慶祝你靈魂的開展。

▶靈魂寫作與寫日記的差異

直到我把靈魂寫作與寫日記放進這個表格內比較之後，我才了解二者在深度與廣度上的差異。

靈魂寫作	傳統的寫日記
從個人的書寫儀式開始	沒有使用特別儀式
在一個神聖的書寫空間內發生	不需要特定的書寫地點
包括深呼吸	沒有提到呼吸
直接對應內在的聲音	不針對任何人
前三十天要於同一時間書寫	不需要安排書寫時間表
可以從一個議題開始，但是該議題很快就消失	追隨一個目標或議題
受科學研究所支持	沒有提到有關其成效的科學證據
當你快速書寫時最有效	使用一種緩慢或正常的書寫步調
運用五種感官	不涉及使用所有感官
需要你不評斷、評價或編修出現在紙上的內容	對已書寫的內容進行周到的考量。如果想要，可以編修
將脫離意識心靈的方式來支援你接近潛意識心靈以及之外的範圍	沒有提供如何脫離意識心靈的指導
使你能夠進入瑟塔腦波狀態並到達神秘的瑟塔波	沒有討論接近瑟塔腦波狀態或神秘的瑟塔波
用問題來激發出聲音	可以使用或不使用問題
使用五種有效的問題類型並避免四種無效的問題類型	沒有提及特定的問題形式
創造並維持新的神經通路	可能或可能不會創造新的神經通路
可以用來請求奇蹟	並非設計來請求奇蹟
提供認出、反擊，以及與內在批評聲音合作的過程	沒有提供指認或針對內在批評聲音的過程
啟發改善你人生的指引	可能或可能不會給予書寫者改變人生的指引

▶你的三十天書寫記錄

在這個簡易的記錄表上，記下你前三十天的靈魂寫作。草記日期，並且用幾個字來描述你當天的書寫經驗。在三十天結束時，你將擁有一份強大的記錄，那是關於你與聲音的第一場對話的影響。你將創造出一個豐富的新嗜好。我可以見到舊的神經通路從此開始瓦解。

	日期&時間	你的經驗、驚喜、挫折、洞見
1.		
2.		
3.		
4.		
5.		
6.		
7.		
8.		
9.		
10.		
11.		
12.		
13.		

14.		
15.		
16.		
17.		
18.		
19.		
20.		
21.		
22.		
23.		
24.		
25.		
26.		
27.		
28.		
29.		
30.		

國家圖書館出版品預行編目資料

靈魂寫作：接收內在智慧的指引,解決問題,改變你的生命 / 珍妮.康納(Janet Conner)著；陳淑娟譯. -- 初版. -- 臺北市：啟示出版：家庭傳媒城邦分公司發行, 2014.06
面；　公分. --(Talent系列；26)

譯自：Writing down your soul : how to activate and listen to the extraordinary voice within

ISBN 978-986-7470-91-1 (平裝)

1.CST: 自我實現 2.CST: 心靈療法

177.2　　103009409

線上版讀者回函卡

Talent系列026

靈魂寫作：接收內在智慧的指引，改變生命的書寫練習

作　　者／珍妮・康納（Janet Conner）
譯　　者／陳淑娟
企畫選書人／彭之琬
總 編 輯／彭之琬
責任編輯／周品淳、白亞平

版　　權／吳亭儀、江欣瑜
行銷業務／周佑潔、周佳葳、林詩富、吳藝佳
總 經 理／彭之琬
事業群總經理／黃淑貞
發 行 人／何飛鵬
法律顧問／元禾法律事務所王子文律師
出　　版／啟示出版
台北市南港區昆陽街 16 號 4 樓
電話：(02) 25007008　傳真：(02)25007759
E-mail:bwp.service@cite.com.tw
發　　行／英屬蓋曼群島商家庭傳媒股份有限公司城邦分公司
台北市南港區昆陽街 16 號 8 樓
書虫客服服務專線：02-25007718；25007719
服務時間：週一至週五上午09:30-12:00；下午13:30-17:00
24小時傳真專線：02-25001990；25001991
劃撥帳號：19863813；戶名：書虫股份有限公司
讀者服務信箱：service@readingclub.com.tw
城邦讀書花園：www.cite.com.tw
香港發行所／城邦（香港）出版集團有限公司
香港九龍土瓜灣土瓜灣道86號順聯工業大廈6樓A室
電話：(852)25086231　傳真：(852)25789337　E-MAIL：hkcite@biznetvigator.com
馬新發行所／城邦（馬新）出版集團【Cite (M) Sdn Bhd】
41, Jalan Radin Anum, Bandar Baru Sri Petaling, 57000 Kuala Lumpur, Malaysia.
電話：(603) 90578822　傳真：(603) 90576622
Email: cite@cite.com.my

封面設計／李東記
排　　版／極翔企業有限公司
印　　刷／韋懋實業有限公司

■ 2014 年 6 月 19 日初版
■ 2024 年 6 月　6 日三版

Printed in Taiwan

定價 420 元

Originally published in English by:
TMA Press (Mango)
An Imprint of Turner Publishing Company
Nashville, Tennessee
www.turnerpublishing.com

城邦讀書花園
www.cite.com.tw

 ISBN 978-986-7470-91-1